静山社文庫

長男を弱い子にするお母さんの口ぐせ

母の禁句、父の役割

金盛浦子

はじめに

「長男を育てるのはむずかしい」

「もっと違う育て方をしていれば、長男は変わっていたのでは……」

お母さんたちから、よく聞く言葉です。

二男や三男については、それほどではありません。母親にとっては、男の子を育てるむずかしさはありますが、長男に比べればずっとラクになります。

長年、セラピストとして活動してきた私の経験でも、中学生や高校生になって大きな心のトラブルを抱えている子どもたちには、やはり長男が多いように感じます。

たとえば19歳になって大学をやめ、仕事も長続きせず、うつになってしまった青年がいますが、彼のお母さんは、普通以上に教育熱心な方でした。赤ちゃんのときから育児書と首っ引きで、ハイハイはちゃんと標準の時期に始まったかしら、離乳はこれで大丈夫かしらとチェックを重ねたそうです。

そして、ちょっと熱が出たといっては、夜通し看病し、治まらないときは夜間診療のある病院に駆《か》けつける。幼児期になって、高いところに登ろうとすると、「ダメよ。危ないでしょう！」の連発。学校に通うようになると、悪い友達と付き合わないように監視し、毎日勉強を見てあげて、成績はクラスで1、2番でした。

見ようによっては、母親の鏡と言えます。

息子さんも、その頃までは〝いい子〟で、いわば〝自慢の息子〟という存在だったのです。

ところが小学校6年生くらいから、母親と話をしないようになり、中学生になると不登校が始まりました。高校生になると、原因不明の腹痛が続き、やっと入った大学は1年もしないうちに退学してしまいました。アルバイトをしても長く続かず、家に引きこもったまま、ときには母親に暴言を吐《は》くようになってしまったのです。

彼が変わったのは、ちょうど本格的な自立が始まる時期です。

それは母親の期待に応《こた》えようとする自分と、本当の自分との格闘《かくとう》だったのです。

カウンセリングの面接で、彼が漏《も》らした言葉は、

「小さいときから母親が喜ぶことを一生懸命にやってきました。でも、あるとき、

ふと自分っていったい何なんだ！　そう思い始めたんです」

そして自分を必死に否定するようになったのです。

お母さんもまた、

「私の育て方が間違っていたんです。その当時は、最大限の愛情を注いだつもりでいたのですが……」

後悔《こうかい》する日々です。

この例には、長男を育てるうえでの問題点が凝縮されています。

はじめての男の子の子育てで、力が入りすぎてしまうこと。母親にとっては異性であることが溺愛《できあい》につながること。母親に自信がないと、子どもを世間の物差しで測ってしまうこと……etc.

この本では、そんな数々の問題に出合わないための知恵とアドバイスを提案させていただきました。

どうぞ、お母さん自身が自信を持って幸せに豊かに、そして日々楽しみながら、子育てをしていただきたいと心より祈っています。

金盛《かなもり》　浦子《うらこ》

目次　＊　長男を弱い子にするお母さんの口ぐせ

第2章　長男を弱い子にする「54の口ぐせ」

〈幼児期編〉
——すべて完璧《かんぺき》になんて思わないで　40

第3章　お母さんの心が、息子の心を育てる

長男を弱い子にするお母さんの口ぐせ

母の禁句、父の役割

第1章　本当に強い子って、どんな子？

待望の長男 誕生しました!!
祝

見て、あなた
ハイハイしてる
よちよち
すごい
早いな！
うるっ

妊娠中にクラシックを聴きまくってたからかしら〜
ぶばぁあ〜〜
うちの子美声じゃない〜〜

うちの子の腹筋すごいわ。金メダリストも夢じゃない!?
じりん
ワキャ〜
アポー
うちの子の英語の発音聞いたっ？
ソワソワ
ピーン
うちの子のスタイルなら、モデルになれるわよ
ファ♥
登録しなきゃ

期待されすぎる長男の意外なもろさ

生まれたばかりの赤ちゃんに対して、親は「とにかく元気で健康に育ってほしい」と願うものです。

ですが、とくにはじめての子どもの場合、生まれてから2〜3歳頃までの赤ちゃんは驚くほどの発育を見せてくれるので、親は「この子って天才かしら！」と思うこともあります。読み聞かせている絵本の言葉を一字一句覚えてしまうのですから、なおさらです。

やがて、それはどの子にもあることなのだと気づくのですが、育てているうちに、親はどんどん自分の子どもに対してぜいたくになってしまいます。

いろいろな理想を掲《かか》げるなかで、結局は、「勉強ができて、いい学校に行き、経済力のある大人になること」というところに落ち着く方が多いように思います。

とくに長男の場合は、その傾向が強いことが多いようです。

つまりは〝偏差値指向〟です。

そのベースにあるのは、わが子の能力が世間一般と比べてどうなのか、ほかの子と比べてどうなのかという意識です。そして、この場合の能力とは、成績であったり、サッカーや野球等のスポーツ能力であったり、ときにはピアノやヴァイオリンなどの音楽的能力であったりします。

別の言い方をすれば、広い意味のＩＱ（知能指数）指向ということかもしれません。

でも、ここに大きな問題が横たわっています。

幼い頃から、こうした育てられ方をした長男は、意外なもろさを持つようになります。すべてが順調にいけばいいのですが、そのようなことばかりとは限りません。人間ですから、さまざまな壁に突き当たりますし、挫折《ざせつ》も経験します。すると、そこでポッキリと折れてしまうことも考えられます。

さらに問題なのは、一見順調に過ごしてきて、一流大学を卒業して望みどおりの進路に進んだとき、社会のなかで必要な能力を発揮できず、いわゆる〝使えない〟という状態になることもあるのです。

そうしたなかで、心のトラブルを抱えてしまうという人も出てきます。

みなさんは、わが子をそんなふうに育てたいとは思っていないでしょう。

偏差値より必要な〝生きる力〟とは？

本当に強い子とは、どんな子どもでしょうか？

何より〝生きる力〟を持った子どもだと、私は思います。

〝生きる力〟とは、壁に突き当たれば、それを乗り越えようとする力、少々の挫折などはね返す力のことです。具体的には、「心の能力指数（EQ）」の高い子どものことです。

ここで簡単に、EQという言葉についてお話ししておきましょうか。

ここ数年IQに代わって注目されている概念で、一般には「情動指数」と呼ばれていますが、私は本来の意味をわかりやすくするために「心の能力指数」と呼んでいます。

前のページで触れたように、一流大学を出て社会人になった人たちが、社会で仕事をしていくうえで必要な能力に欠けているという問題から、企業などが社員教育に導入している概念です。

そしてEQとは、およそ次の5つの要素に分けられます。

①**自己認知力**――あるがままの自分を見つめる力
②**共感力**――他人の心の状態を肌で感じられる力
③**自己統制力**――感情をコントロールする力
④**社会的器用さ**――社会のルールと折り合いをつけながら、なおかつ自分らしさを発揮できる力

⑤ 明るい面から物事を考えられる力――何があっても絶望せず、生きる道筋《みちすじ》を見つけ出す力

これこそ人間に必要な〝生きる力〟ではないでしょうか。

そして、私はこれに〝自立心〟と〝自分を愛することができる力〟を付け加えたいと思います。

本来、子どもはこうした力を自分で育《はぐく》んでいくものです。いま、子どもたちにその力がなくなっているのは、知らず知らずのうちに親が妨《さまた》げてしまっているからなのです。意識しないまま、お母さんたちが子どもに投げかけている言葉が、〝生きる力〟の芽を次々に摘《つ》み取ってしまっているのです。

自立とは、上手に頼ることができる力

お母さんたちに「長男がどんな子どもに育ってほしいですか？」という質問をすると、「自立心のある子」という答えがかなり多く返ってきます。教育とは、ある意味、自立心を育てることそのものかもしれません。

でも自立って、いったい何でしょう？

お母さんたちのなかには、ちょっと思い違いをしている方がいらっしゃいます。

何でも一人でできて、人を頼らない。

それが自立だと勘違いしている方がいます。何にも頼らず、すべてを自分一人でやるというのは、自立ではなく〝孤立〟です。

本当の自立とは、「上手に頼り、頼られること」というと、驚かれるお母さんがいるかもしれません。

ほかの人にはない高度の知識や技術を身につけさせることが自立につながると考えているお母さんもいます。そうすれば経済的にも有利に働き、子どもに自信がつくとお考えなのでしょう。ですが、これも本来の意味の自立とは方向が違います。

普通、自立というと、子どもが社会人として生活していけるようになったときを指して言うことが多いようですが、これはいままで親からもらっていたお金を会社からもらうようになるわけで、ある意味では依存の対象が変わったということです。

その代わり、会社はその人間の働きに依存するわけですから、いわば〝相互依存〟です。自立する、上手に依存するということは、こういうことなのです。

十分に依存した子どもが、自立心を育《はぐく》む

「うちの子は依頼心が強くて困ります」

お母さんたちからこんな言葉をよく聞きます。

依頼と依存は言葉の響きは似ていますが、心の実態としてはまったく異なるものです。

依頼心とは、自立心がなくて、自分で考えて行動することが少なく、もっぱら人を頼りにしている状態のことです。依存とは、簡単に言えば、自分ができないことをほかの誰かにサポートしてもらうことです。

子どもについては、依存とは望むことを望みどおりにやってもらうことで、乳幼児期からたっぷりと依存できた子どもは、成長とともにしっかりとした自立心が身についてきます。

精神分析学者のエリクソン（一九〇二～一九九四）は、人間の発達を８段階に分け、それぞれの発達課題を明らかにしています。第１段階である乳幼児期は、親との関わりのなかで〝基本的信頼感〟を獲得する時期というのです。

人を信頼する力は、自分で望んだように愛されること、つまり十分な依存によって培《つちか》われます。よく、お母さんたちのなかには、なるべく早く断乳したり、なるべく早く独り寝させることが、自立を促《うなが》すと考えている方がいます。でも、これは間違いなのです。

たっぷりとハイハイをした赤ちゃんは、しっかりと歩くことができるようになりますし、ママのおっぱいを十分に飲んだ赤ちゃんは、確実に離乳できるようになります。たっぷりとママの胸で眠った赤ちゃんは、そうでない赤ちゃんより早く独り寝ができるようになるのです。

反抗と依存を繰り返し、成長する子ども

ところで、反抗は子どもにつきものです。男の子、とくに長男の場合、女の子以上に激しくあらわれることがあります。親はどうしても長男に期待をかけ過ぎてしまい、本人もそれに応《こた》えようとします。その反動が思春期前の反抗になってあらわれるのです。

でも反抗は、たっぷりの依存から、自立した大人へと成長していく過程に欠かせないものです。子どもは十分な依存を経験すると、自信を持って自分を確立しようとします。そのひとつのあらわれが反抗なのです。

可愛くない振る舞いをしたわが子が、そうかと思えば一転して甘えてくることがありますね。

先ほどのエリクソンは、「子どもは十分な依存を経験し、反抗を繰り返しながら自立へと向かっていく」という意味のことを言っています。つまり、子どもは

依存と反抗を繰り返しながら、らせん階段を上がるように成長していくのです。

「うちの子は素直で手がかからない」

お母さんがそうおっしゃるような子どもが、本当の自立ができなくて弱い側面を見せることはめずらしくありません。反抗期に反抗できない子どもは、それだけ自己の確立が遅れ、自信がないために依頼心が強くなります。

愛されている自分という存在への自信

乳児期に十分に愛をもらって過ごせた子は、幼児期になれば、心もちゃんと幼児として成長していきます。安心して幼児期を過ごせた子は、小学生になれば心も小学生になれます。同じように、それぞれの時期に心のビタミンをとっていれば、中学生、高校生、そして大人へと、しっかり成長していきます。

ビルなどの建物と同じで、何よりもしっかりした基礎工事が大切ということになります。本当の自立をするには、それぞれの時期に必要なことを、ゆっくりでもしっかりとしてあげることです。

第２章で具体的にお話ししますが、赤ちゃんが最初に接するのはお母さんです。お母さんは、言葉の話せない赤ちゃんが泣き声で何を言おうとしているのか、しっかりとその声を聞こうとします。また表情で何を訴えたいのか、しっかりと見つめます。それによって、赤ちゃんの望みを判断し、やさしく受け入れます。

しっかりと依存できた赤ちゃんは、

「私のことを愛してくれている」

のだと、お母さんを信頼します。この信頼が子どもの心を育《はぐく》む基礎工事の大切な部分です。信頼があるから依存できるし、自信もついていくのです。

子どもの自信は、何か特別のことができるとか知識があるということでつくものではありません。まず何より、

「自分はこの世にいていい存在なのだ」

「自分が大切に思われているのだ」

という存在への自信です。

こういう言い方をすると、なんとなく抽象的に聞こえるかもしれませんね。

でも、いまの子どもたちにとっていちばん問題なのは、〝存在への自信〟がとても希薄《きはく》だということなのです。子どもたちに自己肯定感がないと言われるのも、これと同じことです。

何よりも自分が存在していることへの自信、自分は愛されているのだという自信、いま自分がここに在ることを許されている自信。これが大切なのです。

お母さんたちには、この気持ちを大きく伸ばす言葉をたっぷりかけてあげるよ

う心がけてほしいですね。

「自分が好き」になれない子が増えている

自己肯定感とは、言い換えれば自分を好きになることです。

いま中高生を含めた子どもたちで、「自分が好きですか？」という問いに肯定的に答える人が、とても少なくなっています。

確かに、思春期などでは自己嫌悪の感情も芽生えます。「自分が好き」と、なかなか言えないかもしれませんね。

でも、それを差し引いても、なお、「自分が好き」と言う子どもが少ないのです。

「自分が好き」と言えるには、まず人にたくさん愛され、受け入れられることが必要です。子どもにとっては、まず親です。とりわけお母さんから、たくさん愛されれば、自分が好きになります。

ちょっとしたことでも、子どもがその母親の愛を疑えば、「お母さんは自分を好きではないんだ」という感情が生まれ、やがてそれが自己否定へとつながっていきます。

でも愛は強制するものではありません。子どものいいところも悪いところも含めた丸ごとの愛が最大の心のビタミンになります。

自立には、いわゆるEQと言われる要素が欠かせませんが、それを構成する共感力や自己抑制力は、自己肯定感がベースとなります。それには、「自分が好き」という感情が必要になってきます。

自分を好きでない人間が、ほかの人を好きになることはできません。ほかの人を好きになれなければ、共感は生まれません。

ここで断っておきますが、自分を好きになるということは、いわゆるナルシスト的に好きになるということではありません。

「どうしても自分を好きになれない」

というのは、どちらかといえば理想の高い、自分に厳しい人に多いものです。そして、私のセラピストとしての経験から言うと、子ども時代に親から多くのことを期待され背負わされた長男に、この傾向が強いように思います。自分のダメなところを認められないのです。

私がここで言う、自分を好きになるというのは、良いところも悪いところも含めて、自分を丸ごと好きになるということです。子どもが、そのような状態になれば、しっかりと自己を確立することができますし、自立の心も育ちます。

そして、このことは子どもを育てるお母さんにとっても、同じように必要なのです。それについては、また最後の章でお話ししますね。

手のかかる長男、お母さんの戸惑《とまど》い

よく母親にとって、長男は育てにくいと言われますが、それがいちばん顕著《けんちょ》にあらわれるのが思春期ではないでしょうか。

小学校6年生くらいから中学生にかけて、いわゆる思春期を迎えます。

思春期とは、体が大人になってくる時期のことで、うっすらとひげが生えてきたり、精通があったりします。母親にとっては、ショッキングに感じることが少なくありません。

何が気に入らないのか黙りこくっていると思えば、ふいにイライラとする。話しかけてもロクに返事もしないし、ときには「うるせぇな」などと言うことさえあります。

ついこの間まで、あどけなさが残り愛らしかった息子が、まるで別の人間になってしまったかのようで、なかには「怖い」と言う母親さえいるほどです。

とりわけ長男の場合、母親にとってはじめての男の子ですから、受けるショックはより大きくなります。

でも、これは誰もが通る成長のプロセス。不安がることはありません。

思春期の男の子を持つ母親が、「男の子に戸惑《とまど》いを感じる」ことのベースには、いくつかの問題が横たわっています。

① 母親と息子の同化
② 異性としての愛情
③ 母親の〝男の子〟〝男性〟に対するイメージのズレ

基本的には、この3つでしょうか。

まず①の「母親と息子の同化」という点ですが、母親は相手が男の子に限らず、「自分のお腹を痛めて産んだ子ども」という意識が強いため、どうしても子どもと同化しがちです。つまり自分と別人格である子どもとの境界線が重なり合い、あいまいになってしまうのです。

大人へと成長していくためには、この同化の殻《から》を一枚ずつはがし、母親と自分との境界を明確にしていかなくてはならないのです。黙りこくっていたり、母親があまり立ち入ってくると、「うるさい」などと言うのは、その成長の作業の結果です。

ギリシャ悲劇の『オイディプス王』の物語を持ち出すまでもなく、男の子は父親を抹殺して乗り越えようとし、母親と相愛の関係を築きます。

その結果、母親は男の子を普通以上に溺愛《できあい》し、子どもがわがままになってしまうことが少なからず起こります。これが前のページで触れた、②の「異性としての愛情」の基本問題につながります。

次に③の「母親の〝男の子〟〝男性〟に対するイメージのズレ」についてです。母親は「男の子は強いもの」「泣かないもの」「乱暴なもの」といった固定観念を持ちがちですが、実際の男の子は、そのとおりではありません。

そのズレが「男の子は育てにくい」という意識を生み出します。そして、ここには医学的な事実とのズレも含まれています。

思春期の男の子とホルモンバランス

ひとつ例をあげておきますね。

男の子は11〜13歳の時期に、テストステロンという男性ホルモンが急激に増えます。骨格が男らしくなってきたり、ひげが生えてきたりするわけですが、心の成長はそれに追いつきません。脳もさまざまな配線を組み替えなければなりませんが、そこで混乱が起きてきます。

親の何気ないひと言で、まるで火薬に火がついたように怒り出し、乱暴な言葉を投げつける。妙に落ち着きなく、イライラしたりするのもそのためですし、ときには頭痛や微熱というかたちであらわれることがあります。また一時的に耳が聞こえにくくなることがあり、「人の話を聞いているのかしら？」と感じるのは、その結果というケースさえあります。

まず知っておいてほしいのは、思春期の男の子の心のなかでは、それまでにない激しい葛藤《かっとう》が渦《うず》巻いているということです。

体はどんどん大人になっていくのに、それにどう対応していいかわからない不安。体の成長そのものへの不安や戸惑《とまど》いもあります。大人になっていくことへの期待と同時に、それを受け入れたくない気持ちも働きます。

たとえば陰毛が生えてきたら、「みんなは、どうなんだろう？」という不安があり、恥《は》ずかしいという思いが同居します。性の衝動にも同じことが起こります。

その精神状態に、ホルモンによる混乱が追い討ちをかけます。先ほども触れたように体を成長させるホルモンが急激に増えると同時に、怒りや恐れといった感情を支配する脳の分野も大きく発達します。

しかし、その一方で感情をコントロールする脳の分野は、10代後半から20代後半までの長い時間をかけて少しずつ成長することがわかっています。そのギャップが怒りをコントロールできず、暴発することにつながっていきます。

　また思春期の男の子は、ときおりだらしない、ゆるみきった顔でボーっとしていることがあります。親が見ると、どうかしちゃったのかしら？　と心配になりますが、これも男性ホルモンの急激な上昇による、脳の変化と関係しています。男性ホルモンが急激に増える結果、脳内では、さまざまなケミカルバランスの変化が起こります。

　たとえば脳内の伝達物質のひとつであるセロトニンは感情にブレーキをかける物質ですが、思春期にはこのレベルが下がって気分が落ち込みやすくなります。逆に、ストレスに関係するコルチゾールのレベルが上がるため、普段以上にストレスを感じやすくなり、また物事に無関心になる傾向が強まったりします。

　セロトニンのレベル低下は、うつ病との関連もありますから、この時期にあまり叱咤《しった》激励《げきれい》するのは逆効果です。

　いずれにせよ、一時的なものですから、大人へと脱皮《だっぴ》するときのプロセスと考えて見守りたいものです。

問題行動には、気持ちをしっかり伝える

　思春期の中学生や高校生になると、親としては眉をひそめたくなるような行動をとることがあります。たとえば大きな問題、喫煙などは、そのひとつです。

じつは、これも脳内の物質と無関係ではありません。ドーパミンは喜びや快楽をつかさどる物質ですが、思春期にはほかのどんな時期よりも働きが強くなります。その結果、物事に対する好奇心や興味が増し、大人の真似をしたくなります。酒やタバコという快楽とつながるものへの関心も強まります。

しかし、ドーパミンの影響だからといって、この問題は長い目で見守るというわけにはいきません。親としての毅然《きぜん》とした姿勢を見せておくべきでしょう。

その理由のひとつは、この時期は、タバコなどの依存症が大人よりもずっと早いスピードで進むという点です。

親が注意するときに大切なのは、あいまいな中途半端な言い方をしないということです。口では、「しかたがない」と容認しながら、顔にははっきりと否定があらわれている。あるいは逆に、口では厳しいことを言っても、本心から言っていない。

こうした親の姿勢の二重構造は、その後に続く子どもの成長の障害となってしまいます。頭ごなしに叱《しか》りつけるのではなく、まず脳内の物質、成長期としての影響等について話し、「いけないことはいけない」とはっきりと言うこと、そして「やってほしくない」という親の感情をちゃんと伝えることも大切です。

また、この時期、制服を着崩したり、大人の理解できない奇妙な格好をする男の子もいます。

これは、ひとつには、制服という大人の押し付けに対する反発です。

あとでも触れますが、この時期は、先生や親を代表とする大人への反発心が頂点に達するときです。それが、さらに社会への反発、抵抗となってあらわれます。

ただ、高校、大学と自分を取り巻く環境の自由度が増していくと、自然になくなっていきますから、大きな心配はありません。

ですから、親はやめさせることにポイントを置かないでほしいですね。

ただし、ただ黙っていていいわけではありません。親が、その姿をとても不快に感じるなら、そのことをはっきりと言いましょう。

「やめなさい」ではなく、「私は、とても不快」という親の気持ちを伝えるのです。

長男の思春期は、お父さんの役割が大きい

おそらく長男を持つ親なら、一度くらいは「くそばばぁ」などと言われたことがあるのではないでしょうか。

とても、イヤな言葉で、断じて息子に言わせたくないと思うのは誰しも同じでしょう。このことも思春期の脳内の伝達物質が影響していますが、だからといって看過《かんか》できない問題です。

暴言を吐くというのも、大きく見れば成長の一過程ですが、それが頻繁に起こるのは、また別の問題を含んでいます。それは母親や父親への評価に関わっています。

誰でも経験があると思いますが、たとえば母親が子どもを叱っているときに、父親が、「お母さん、うるさすぎるんだよ」などと子どもの目の前で口を挟《はさ》む。これが重なると、子どもの母親への評価が下がってしまいます。その結果、母親には何を言っても構わないという気持ちになってしまうのです。

父親は、案外このことに無頓着《むとんちゃく》です。もし、言いたいことがあったら、子どもの前ではなく、あとで話すなど考えてほしいものです。

もし、子どもが暴言を吐いたら、「お母さんはお父さんの大切な人なんだ。そんな言い方は許さないぞ」くらいのことをきっぱりと宣言するといいですね。

お父さんは、長男にとって、先輩男の子です。

子どもの歩んでいる道は、かつて父親が歩んできた道です。当然、お母さんよりずっと客観的に冷静な目で息子を見ることができます。

その落ち着いたまなざしだけで、男の子は安心するものです。ですからお父さんは、息子が思春期になったらそれまで以上に見つめていてほしいものです。

乱暴な言葉遣いをしたり、背伸びをしたり、反抗したりで、母親がムキになっているときでも、父親は内心、「ほう、こいつも大人になってきたな」とほほ笑んでいてほしいところです。

ただし、「色気づいてきたな」などというからかいは良くない言葉です。

そして、この時期の男の子で、避けて通れないのは、性に対する好奇心です。思春期の男の子が性に関心を抱くのは、ごく自然で当たり前のことです。もちろん、そんなことは母親もわかっているのです。理性ではわかっていても、「自分の息子だけは……」という感情が別の働きをしてしまうのでしょう。その気持ちをそのまま子どもにぶつけて詰問《きつもん》してしまうこともあります。

しかし、母親以上に戸惑《とまど》っているのは、じつは子どものほうなのです。夢精やオナニーを経験しても、子どもはどこかで罪悪感を抱いています。

思春期にいたるまでのことで言えば、いちばん大切なのは性に対する意識をナチュラルに育てることです。性がいやらしいこと、汚いことという意識が植えつけられていると、思春期の子どもはより混乱し、ときにはゆがんだ心を育ててしまいます。

ここは同じ男性同士、父親に対応を任せることで、子どもは心のバランスをとることができるようになります。

親や先生を代表とする大人や社会への反発が頂点に達するのも、この時期です。

このケースには大きく分けて２つのパターンがあります。自然な成長期のプロセスとしてあらわれるものと、それまで積み重ねられた心のトラブルが表面化してあらわれるものの２つです。

最初のケースは、基本的には大人への成長の証《あかし》なので、心配することはありません。しかし、それが度を超えると犯罪につながっていくこともあります。本人にとってもマイナスになってしまいますから、注意が必要です。

何があっても逃げたり、ごまかしたりせずに、親も自分をさらけ出して、正面から子どもと向き合うことがいちばん必要なことです。これがないと、正常であるはずの反発心がどんどんゆがんでしまいかねません。

２つ目のケースは、セラピストとしての私がいちばん出合うことが多いものですが、自傷行為、薬物依存、摂食障害などのかたちであらわれるものです。思春期に多く発症するのですが、その根は、じつは子ども時代にあります。

具体的には、親の価値観の一方的な押し付けや愛情への飢餓《きが》が積み重なっていることが多いのです。そして、そのほとんどは親から無意識に投げかけられたものにあるのです。

第2章　長男を弱い子にする「54の口ぐせ」

〈幼児期編〉
――すべて完璧《かんぺき》になんて思わないで

生まれたばかりで、まだ笑うこともできない赤ちゃん。

にっこり笑ったり、言葉にならない言葉で話しかけてくる赤ちゃん。

そして、やっと歩き始めた子ども。

子育てのなかでも、いちばんママとの触れ合いが多い時期ですね。それだけにママとしては、もっとも手のかかるときで、ママは、ほとんど子どもの奴隷のようです。

でもストレスはどこへやら。愛《いと》しい愛しいときですね。

赤ちゃんから子どもへ、あれもこれも、すべて完璧にこなさなくちゃ――なんて思わないこと。

このような時期だからこそ、ママはママ。自分の時間を持ったり、解放させることを考えることですね。

そうすることで、ママと子どもの触れ合いは、やわらかいゆとりあるものとなり、子どものためにもなるのですから。

毎日の夜泣きで寝不足…
げそ〜〜
おっぱいあげたのにな…
ギャ〜〜
ブェ〜〜

子育てに日々奮闘中
歯磨きをイヤがる息子…
あいたっ
ガブッ
バタ
バタ

離乳食をなかなか食べてくれない息子…
はい、あーんして
やっ
ペッ
でも子育ては、
えっママに？
やめられません♥

1　はい、おっぱいよ。途中でやめないでね。

赤ちゃんが生まれると、すぐに授乳が始まります。ママの胸からじかに母乳をあげる人もいるでしょうし、哺乳《ほにゅう》びんで人工乳をあげる人もいるでしょう。じつは、自立のトレーニングは、もうこのときから始まっています。

赤ちゃんは、おっぱいを吸うときに、乳首を離してちょっと休んだり、顔の向きを変えたり、いろいろな動きをしませんか？

これは、赤ちゃんがママに向けて発している最初のシグナルなのです。シグナルを出すことでママの反応をキャッチしようとしているのですから、上手に返事をしてあげましょう。母乳ならあまりないかもしれませんが、哺乳びんでの授乳で赤ちゃんに乳首を預けたまま、

「はい、おっぱいよ。ちゃんと飲んでね」

と、自分はテレビを見ている。そんな状態は、ちょっと考えものです。

それでは赤ちゃんのシグナルがわかりません。乳首をちょっと離してみたりす

るのは、「あら、どうしたの、もういらないの？」というママの反応を引き出そうとする意味もあるのです。

第1章でも少し触れましたが、自立というのは、じつは依存によって成り立ちます。依存は相手に対する信頼がなければ不可能です。

赤ちゃんにとっては、信頼し、依存する最初の相手はお母さんです。

ママがテレビを見ながら授乳していると、おっぱいを飲みながらの赤ちゃんのシグナルが伝わらず、ママの反応を引き出すことができません。

ちゃんと反応してくれれば、「さすが、私のママ！」（こんな言葉は、まだないかもしれませんけれど）、とお母さんへの信頼が生まれます。

でも、赤ちゃんの動きに対する反応がなければ、どうでしょうか？

「ママは、私を愛していないのかも？」という不安が生まれ（赤ちゃんだって本能的に不安は感じるんです）、信頼の気持ちも育《はぐく》めません。つまりは自立へのベースがつくられないということにつながっていきます。

授乳のときには、しっかり子どもを見つめ、赤ちゃんの動きに合わせて、「ちょっとお休み？」と、ちゃんと心のキャッチボールをしてあげましょう。

2　ママにも少しは時間をちょうだい！

まだ言葉がわからない小さな赤ちゃんと思っていても、はじめての赤ちゃんで朝から晩まで一時の休みもなく世話をしていると、つい、こんな言葉が口をついて出てしまうことってありますよね。

子育てをしたことがある人なら、誰でも「そう、そう」と共感してしまいますね。

でも、赤ちゃんのときから、しっかりとスキンシップをはかることは、子どもの〝生きる力〟や〝自立心〟を育《はぐく》むために、とても大切なことなのです。

これらは、自分が望むままに愛されること、それと母子の一体感をたっぷりと経験することによって育つ、と精神分析学者のエリクソンは言っています。

ところで、〝カンガルーケア〟という言葉があります。

いつもお腹の袋のなかに赤ちゃんを抱いているカンガルーのように、赤ちゃんを素肌に抱きかかえて授乳したり、ケアしたりすることです。

もともとは低体重児のケアとして提唱されたものですが、いまでは世界の先進国で注目されています。

先進国ではさまざまな医療機器の発達で、赤ちゃんと母親との肌と肌の触れ合いが減ってきています。その結果、赤ちゃんが母親のぬくもりを感じて心が安らぎ、安心することが薄れてきているため、一般の子どもにもカンガルーケアが必要になってきたということなのです。

赤ちゃんが生まれて1カ月くらいたったら、抱いて一緒にお風呂に入ることになりますね。これもカンガルーケアと考えていいでしょう。

さて、「ママにも少しは時間をちょうだい！」という言葉ですが、赤ちゃんとのコミュニケーションが必要だからといって、本音を言えば、少しはお母さんにだって、ベビーケア・ブレークがほしいですよね。

あまり一生懸命になりすぎても、余裕をなくして逆効果ということもあります。

あとでお話ししますが、ちょっとは離れていたいというママの気持ち、じつはこれも子どもの自立には大切な要素なのです。

3 あなたに強い子になってほしいの。だから泣いてもほっておくわね。

泣くのは、赤ちゃんにとって仕事のようなもの。わかってはいても、「また、泣いてるの？」そう思ってしまうこと、ありますね。赤ちゃんにとって、泣くのはほとんど唯一の表現手段です。「お腹がすいたぁ！」「うんちが出たよ」「痛いよぉ」「かゆい～」「眠い～」「さびしいよ」……すべて泣いて訴えるしかありません。

もし、赤ちゃんが泣かなかったら、逆に困ったことです。場合によっては、医者に相談しなくてはいけないことだってあります。

自立した心を育てるには、まず子どもを受け入れることが大切です。そのためには、十分に話を聞いてあげる必要があります。赤ちゃんにとっては、泣くことが表現手段なのですから、「お腹がすいたの？」「オムツを取り替えてほしいのかな？」と、気持ちを聞いてあげてください。

本当にもう泣いてばかりで、うるさいわね！　そう思ってしまうくらいで、ちようどいいのです。

ここ数年、〝サイレントベビー〟という言葉をよく聞くようになりました。赤ちゃんを含めた幼児は、泣いたり、騒いだり、うるさいくらいににぎやかなものですが、最近は「あれ？」と思うほど静かな子どもが増えているというのです。

泣かないだけでなく、視線を合わせない、笑うことが少ないといった傾向があり、一種のコミュニケーション障害とされています。その原因は、親が赤ちゃんへの語りかけやスキンシップをしなくなったことだと言われています。

泣くとすぐに抱っこをするのは、子どもの自立を妨《さまた》げるということが言われます。でも、「しっかりした、強い子になってほしいから」と、泣かせたままベビーベッドに置いておくのは、まさに逆効果です。

赤ちゃんが泣いたら、ちゃんと抱きしめて、「どうしたの？　お腹がすいたの？　それともオムツ替え？」と、やさしく言葉をかけましょう。

そうすることで赤ちゃんは安心し、ママを信頼するようになり、それが自立の芽を育てる大切な心の栄養になるのですから。

4 また抱っこ？ しょうがない子ね！

ここまで読んできただけで、「そんなにいろいろなことを言われても……」と、うんざり顔になってきたお母さんがいませんか？

確かにね。それでなくても、生まれたばかりの赤ちゃんは手がかかります。お母さんは、まるでコマネズミのように一日中動き回っています。

「これ以上、何をすればいいの？」

と悲鳴を上げたくなる気持ちは、よくわかります。

そう、お母さんだけが、必死にならなくてもいいんです。少しずつ自分を解放していきながら、子どもの自立をサポートできる方法も、これからお話ししていきます。

でも、その前にもう少しだけ……。

心理学に関わる人たちの間でよく知られている〝ソフトマザー〟と〝ハードマザー〟のことについてお話ししておこうと思います。

アメリカの実験心理学者ハーロウ博士が、おもしろい実験をしています。

実験対象になったのは、生まれたばかりのアカゲザルの赤ちゃんで、母親から引き離し、彼らに2つの代理ママを与えました。ひとつは堅い針金でつくられた母ザルで、もうひとつはその上にやわらかい布でカバーをした母ザルです。

つまり堅いのがハードマザーで、やわらかいのがソフトマザーというわけです。

この2つの代理ママに哺乳《ほにゅう》びんを抱かせると、アカゲザルの赤ちゃんたちのおっぱいを飲む量や体重に差は出なかったそうです。ただひとつ大きな違いがありました。

その違いは、針金のママから授乳してもらった赤ちゃんたちは、ミルクを飲み終わると、みんなやわらかいソフトマザーにくっついていくという結果でした。それが赤ちゃんにとっては快適なのですね。

もちろん、これは人間の赤ちゃんにも言えることで、抱っこをせがまれたら、なるべく十分に抱っこしてあげる。これが赤ちゃんを育《はぐく》む大事な心の栄養なのです。

5　ホントに可愛い。食べちゃいたいくらい。

さぁ、お待たせしました。

ここで、ベビーケア・ブレークのお話をしましょうね。

いくら赤ちゃんにはママとの触れ合いが必要だといっても、それこそ四六時中べったりとなったら、献身的なお母さんだって疲れてしまいますよね。ときには、ちょっとだけでも距離を置きたいという気持ち、経験者ならよくわかるはずです。じつは、赤ちゃんだって、ときにはママから離れたいと感じることがあるんですよ。

ほら、授乳のときに赤ちゃんとお話ししてくださいと最初に書きましたね。そこで赤ちゃんはおっぱいを飲むのを中断したり、グイとおっぱいを押しのけたり、いろいろな動きをするということについて触れました。

それから多くの方が経験していると思いますが、授乳して8ヵ月ほどたつ頃でしょうか、授乳中に突然、ママの乳首を噛《か》む赤ちゃんは決して少なくありません。

それも思いっきり強く噛むので、思わず大声をあげてしまうことがありますよね。

早稲田大学人間科学部の根ヶ山光一教授の『〈子別れ〉としての子育て』（日本放送出版協会）によると、これは赤ちゃんの側からの働きかけで、母子の関係は決して一方的ではなく、母子の〝せめぎ合い〟というダイナミックな関係があるといいます。

つまり、母子は母親からいつも一方的に愛情を注ぎ込み、抱きすくめるという関係だけではなく、ときには赤ちゃんから突っ込まれたり、乳首を噛まれたときに「痛いじゃない！」と少しきつく言ったりする〝やりとり〟も、自然な発達のなかでは必要だということでしょう。

お母さんたちのなかには、子どものあまりの可愛さに、「食べちゃいたいわ」と言う人も少なくありません。もちろん気持ちはわかるのですが、母親が子どもと一体化してしまうのは、子どもの自立を育《はぐく》むうえで決してプラスにはなりません。

ときには、ほんの少しの距離を置く。

これがママにとっても子どもにとっても、意外に大切な要素なのです。

6　ママだって大変なんだから、わかってよ！

長男を自己肯定感のある強い子に育てるには、赤ちゃんが望む限りの要求に応《こた》えてあげること。これが、何より大切な要素になります。

経験した人はおわかりだと思いますが、これは実行するのはものすごく大変ですね。ほとんど赤ちゃんに付きっきりになってしまい、家事がスムーズに回らなくなってしまいます。でも、最小限でもやるべき家事をやらないと、家のなかの整理がつかなくなります。

まず、お母さんたちに伝えておきたいのは、

「いいですよ。家のことはめちゃめちゃになっても」

この言葉です。能力があって、子育てにも熱心なお母さんに限って、「あれもこれも完璧《かんぺき》にこなさなくちゃ！」そんなふうにがんばりすぎてしまうのです。

無理ながんばりは、いつまでも続きませんから、いつかはポッキリと折れ、お母さん自身が心のトラブルを抱えてしまうことになりかねません。悲しいことで

すが、ときにそれが虐待につながることだってあるのです。

そして、もしうまくいったとしても、その結果は必ずしも子どものためにはならないのです。

なぜでしょうか？　「自分はこんなにがんばっている」という気持ちが表にあらわれ、それが赤ちゃんにも伝わります。ときには、子どもにも過大な要求を突き付けてしまいます。つまり、ママが子どもをコントロールしてしまうのです。子どもを自分のつくった枠《わく》にはめるのは、子どもの自立しようとする心を蝕《むしば》んでしまうのです。

あとになって、いろいろな問題を抱えた子どものお母さんが、

「ずっと、あんなにがんばってきたのに……」

そうつぶやく声をカウンセラーとして何度も聞いてきました。いくらがんばっても、これでは悲しいですね。

ですから、何もかも全部うまくできなくてもOKなのです。

がんばりすぎて赤ちゃんにイライラをぶつけるより、「よい加減」をモットーに赤ちゃんとの時間を楽しみましょう。「いい加減」じゃないのですよ。バランスよく、ほどほどに、が私の言う「よい加減」です。

7　はい、ベビーベッドにいてね。ママはご用があるから。

夕飯の支度やお掃除、洗濯まで、ママには毎日やらなくてはいけないことが山積みですね。そういうとき、みなさんはどうしていますか？　おんぶひもでおんぶして家事をやっていますか？　それともベビーベッドに入れておく？

おんぶは料理で火を使うときなどは危険ですし、夏は、ママも赤ちゃんも暑くてたまりませんよね。その点、ベビーベッドは赤ちゃんが自由に動けるし、安全ですし、とても便利です。

でも、「ママはご用があるの」と、おしゃぶりを与え、メリーゴーラウンドを回して、子ども部屋のベビーベッドに置いたまま、キッチンでお仕事というのは感心しません。もちろん赤ちゃんが眠っていて、起きて泣いたら聞こえるという場所でのお仕事なら大丈夫です。

赤ちゃんが起きているときなら、ベビーベッドをキッチンまで運んで声をかけられる安全な場所に移動して、赤ちゃんを入れてあげましょう。そうすれば、料

理などの家事をしながら、

「いまね、パパのためにおいしいものをつくっているのよ」

などと話しかけながら、仕事を進めることができます。赤ちゃんにとっても、いつもママの姿が見えているので安心ですし、何かあれば訴えることもできます。

この上手な距離の置き方は、いままであまり注目されてきませんでしたが、子育てにとって案外大切なことなのです。

心理学に〝ハリネズミのジレンマ〟という言葉があります。

ハリネズミの親子は、近づきすぎると、お互いの針が刺さって痛いですね。だからといって離れすぎてしまうとさびしい。この相反する感情のせめぎ合いが、〝ハリネズミのジレンマ〟です。

結局、針も刺さらず、さびしくもない距離が、ちょうどいいのです。

人間の親子関係も似た面があります。近づきすぎると反発が生まれますし、離れすぎると不安が生まれます。

長男を弱い子にしないためにも、親と子の距離感は大切なのです。もちろん、そのベースにはすべてを受け入れる愛があることは言うまでもありません。

8 汚いわよ、そのタオル。もう捨てようね。

これも経験者のみなさんなら、うなずいてしまうことだと思うのですが、赤ちゃんって、幼児期に移行するときに、ずっと使い続けていたタオルやぬいぐるみ、あるいは洋服の袖口《そでぐち》などを手放さないことがあります。

もうボロボロ、よだれや何かで汚れて、なんとも言えないにおいになってしまっていることもありますが、子どもは、それこそ肌身離さず持っています。そうです、その執着がいちばん顕著《けんちょ》になるのは、ちょうど歩き始めた頃でしょうか。

どこへ行くにも、ズルズルとそれを引きずって行きます。

汚いし、不衛生だし、ママとしてはつい、「もう捨てようね」と言いたくもなってしまいます。

でも、ちょっと待ってください。これは長男がしっかり自立していくためには、とても大切なトレーニングなのです。

私の知り合いのあるお子さんは、おばあちゃんにプレゼントされたはんてんをずっと使っていて、洗っては袖を切り、裾《すそ》を切りして与えていたそうですが、小さい切れはしを小学校1年生まで使っていたそうです。

でも、その子が小学校3年生のときには、誰も知っている人のいないサマースクールに一人で参加したのです。そして現在は、高校を休学してイギリスに留学しているそうです。

ずっと使っていたタオルや布などにこだわるのは、じつは、ママから離れようとする自立の芽生えでもあるのです。

ほら赤ちゃんのときに、ママの胸に抱っこされて安心して眠ったように、タオルや布は、ママの胸の代わりなのです。確かに、ちょっと汚いかもしれませんが、それに代わりをしてもらっているのです。ママだって少しはラクになりますし、納得ですよね。

こうした〝ママの代わり〟は、哺乳《ほにゅう》びん（おしゃぶり）から始まって、ベビーベッドやぬいぐるみまで、ほかにもいろいろあります。

最初にたっぷりの愛と肌のぬくもりを与えてあげたら、そのあとは大いに〝代わり〟を利用するといいです。これも距離の取り方のひとつかもしれませんね。

9 ママ忙しいから、テレビを見ていてね。

食事の準備や、掃除、洗濯、お買い物と体がいくつあっても足りない状態のママ。ピークの時間には、さすがに子どものケアにまで手が回らず、

「テレビを見ていてね」

ついテレビやビデオに子守りを任せてしまうことが誰でもあります。ママとしては大いに助かるのですが、でも問題ありです。

ここ数年、子どものコミュニケーション能力が低下していると言われていますが、テレビ子守りが原因のひとつという指摘があるのです。無理もありませんね。テレビやビデオは、むこうからはたくさん話しかけてくれますが、すべて一方通行です。見ている側から、いくら話しかけても応《こた》えてはくれません。

人の基本的な力である人間力は、言い換えれば〝生きる力〟ですが、その基本になるのはコミュニケーション能力です。コミュニケーション能力は、共感力や自己認知力にもつながっています。幼児期は、この力を育《はぐく》むうえでいちばん大切

な時期ですから、できるだけたくさんの〝やりとり〟が必要です。

やりとりには、もちろん言葉もありますが、それ以外に表情やしぐさでのやりとりもあります。この時期、お母さんは、なるべくたくさんのやりとりを重ねてほしいですね。

でも、まったくテレビやビデオがいけないわけではありません。前のページでお話しした古いタオルやぬいぐるみのように、テレビはママの代わりを務めてくれることもあります。ですから、テレビに子守りをお手伝いしてもらうのは悪いことばかりは言えません。

ママが仕事をしている部屋とは別室で、子どもだけにテレビを見せておくのは感心しませんが、ママが仕事をしている同じ部屋で一緒に話をしながら見るのは、少しはＯＫです。まだ歩けない小さな子でも、テレビの音楽を聴きながら、声を発したり、体を動かしたりすることがあります。

そんなとき、

「あら、○○ちゃん、上手ね！」

そんなふうに声をかけてあげるといいですね。

10 これはママじゃなくて、まんまでしょ。ほら、言ってごらん。

これまでお話ししてきたことで、とにかくいっぱいの愛で赤ちゃんを包んであげることや、しぐさや声で、たくさん子どもとやりとりすることの大切さをわかっていただけたと思います。

まだ言葉がわからない赤ちゃんでも、ママがたくさん言葉をかけてあげるほど、赤ちゃんの言語能力や自立心が育つことは、多くの心理学者が主張しています。

何年か前に大きな話題になった『1日30分間「語りかけ」育児』（小学館）の著者で心理療法士のサリー・ウォードさんも、その一人です。

ウォードさんが提案する「語りかけ」の5つのポイントとは、

① 生まれてすぐから、なるべくたくさん話しかける
② できるだけ静かな環境のなかで話しかける
③ 子どもの興味に合わせて話しかける
④ わかりやすい、簡単なセンテンスで語りかける

⑤ ゆっくり、はっきりとした声で赤ちゃん言葉や擬音語《ぎおん》を混ぜて語りかける

どうですか、むずかしくないですよね。

ところでウォードさんが「やってはいけない」という語りかけも３つあります。

① 答えを求めるための質問

② 真似をさせたり、言い直しをさせる

③（赤ちゃんが興味を持っていないことに）無理に注意を向けさせること

つまり、こういうことです。

「うんちなのお腹がすいたの。どっちなの？」

「これはママじゃなくて、まんまでしょ。ほら、言ってごらん」

「ほら、こっちよ。ママが持っている絵本を見てごらん」

こんな話しかけのしかたはよくないということ。

つまり相手を無視した指示や押しつけは、子どもの自立する能力をそいでしまうということですね。これは、意外に簡単なことではないかもしれません。赤ちゃんのときならまだしも、言葉を話せるようになり、大きくなるに従って、指示やしつけはどんどん増えてきます。

赤ちゃんを尊重できているか、ときに自分の行動を振り返ってみましょう。

12 お姉ちゃんは、手がかからなかったのにね。

前のページのクマさんの例と似たケースですね。

でも、今度はより直接的です。はじめての男の子であっても、上に女の子がいた場合、比べてはいけないと思っていても、つい、「お姉ちゃんは」という言葉が出てしまうこともあります。

言葉がわからないときでも、ついグチを漏《も》らしてしまったりするのは、賢《かしこ》くありません。でも、少しでも言葉を覚えたら、もう決してしないことです。自分で「お姉ちゃん」という言葉は言えなくても、毎日のように耳からは入っています。

「お姉ちゃんは、そんなに泣かなかった」

「お姉ちゃんは、このくらいのときにもっとたくさんお話できたのに」

「お姉ちゃんは、とっくに歩けたのにね」

こんな言葉は、子どもがいないときのグチであっても慎みましょう。子どもは敏感《びんかん》に感じ取ってしまいますし、それに、まだ言葉が話せない小さいときに、こうした言葉を投げかけていると、気づかないうちにそのまま大きくなっても使ってしまいます。

またあとで触れますが、小学生になっても中学生になっても比較するのは、子どもの自信を奪ってしまう大きな原因です。自信をなくすということは、自己肯定感をなくすことで、その結果、子どもを自立心のない弱い子にしてしまうからです。

「私は、大丈夫だわ」、そう思っているママだってわかりません。

赤ちゃんで、まだ活動範囲が主に家のなかという間はいいかもしれません。でも、歩くようになって、だんだん外に出るようになったらどうでしょうか？

公園でよく会う、〇〇ちゃんや××くん、同じ年のお仲間ができてきますね。

「あら、〇〇ちゃんて、ずいぶんお話ができるのね」

「××くんって、しっかりしてるわね」

そんな思いを抱くようになると、比較の言葉が出てきてしまうものです。

「〇〇ちゃんはできるのに、あなたはダメなの？」

ほ～ら。ですから、赤ちゃんのときから気をつけたいですね。

13 また、そんなにこぼして！ちゃんと食べなさい！

離乳食もなんとかパスして、ほぼ大人と同じようなものを食べるようになると、やっと赤ちゃんから脱出。食事も自分の手で食べるようになります。でも、この頃の子どもって、まだスプーンやフォークを上手に使えませんね。スプーンを片手に悪戦苦闘しているというところでしょうか。

それだけならまだしも、スプーンを放り投げて、食事を手でわし摑《づか》み、口中どころか顔中が食べ物でぐしゃぐしゃ、ということもあります。

親からすれば、食べ物で遊んでいるように見えて、

「ちゃんと食べなさい！」

強い口調で言ってしまいます。

でも、食事は楽しくとるのが大原則。大きくなってもそうですが、多少お行儀《ぎょうぎ》の悪いことがあっても、楽しく、おいしくいただくのがいちばんです。そんな食事にするには、やっと自分で食べ始めたこの頃からの雰囲気づくりが大切です。

あまり、細かいことを言ったり、叱《しか》ったりが多すぎると、子どもは食事することそのことを楽しいと感じなくなってしまいます。それどころか、〝食事＝小言〟というイメージが焼きつけられ、食事をつらいものとして心に刻んでしまうかもしれません。

自分で食べることを始めたばかりの子どもは、大人が思っている以上に一生懸命です。頭も目も舌も、それから手だって指だって総動員してがんばっているのです。

小さなことには目をつむり、まずはお母さんが上手にスプーンやフォークを使い、

「このタマゴ焼き、とってもおいしいね！」

「スープもおいしいよ。ほーら、ね？」

声をかけながら、楽しく、おいしそうに食べている様子をたっぷりと見せてあげましょう。子どもは、大人が考えている以上に親の様子を見ています。お母さんが上手においしく食べていれば、それもしっかり見ていますから、１００万回の小言を言うより、ずっと効果がありますよ。

14 一人で寝ないと、弱い子になっちゃうわよ！

男の子を強く、たくましく育てるには、なるべく早く独り寝をさせるほうがよい。そう考えているママやパパは少なくありません。とくに長男の場合は、その傾向が強いようです。

「あら、〇〇ちゃん、まだママと一緒に寝ているの？　うちは、とっくに一人で寝ているわよ」

なんて知り合いのママに言われてしまうと、「うちの子は甘えん坊なのかしら？」と不安になってしまいます。

かつてアメリカなど欧米諸国では、なるべく早い時期に独り寝させるというのが主流になっていました。いつまでも親と一緒に寝ていると、子どもの独立心、自立心を損なうというわけでした。

ここで、はっきりと言っておきたいのは、添い寝や親と一緒に寝ることが自立心を損なうことはない、ということです。そのことは、いまでは多くの心理学者や医学者によって証明されていますし、実際、欧米でも、いまでは子どもと一緒に寝るという親が増えてきているのです。

ケラー＆ゴールドバーグという心理学者の報告では、3～5歳児の母親を対象に調査した結果、「自分で服を着る」「友達とのトラブルを解決できる」などの自立の指標となる行動が、それまで親と一緒に寝ていた子どものほうにより顕著《けんちょ》に見られたといいます。

つまり添い寝や一緒に寝ることは、自立の妨《さまた》げになるどころか、むしろ良い効果を生んでいるということです。

これからおいおい話していきますが、愛情を十分にもらっていないという親に対する不満や不安は、自立しきれない心を引きずってしまいます。

一緒に寝る場合でも、子どもが泣いてダダをこねるからしかたなくという場合と、子どもの心を汲《く》んで親がみずからすすんで行った場合とでは、自立を促《うなが》す力は変わってくるようです。

幼稚園に入っても、まだ子どもと一緒に寝ているお母さん、心配しなくて大丈夫！　そして、結局一緒に寝るなら、楽しんで喜んで寝てあげましょうね。

ここではもう少し、独り寝について考えてみたいと思います。

いままで一緒に寝ることの効果についてお話ししましたが、どちらがいいか悪いかということではない、私はそう考えています。家庭や親には、それぞれの事情や環境がありますから、それに応じた良い方法を自分なりに編み出していくことも大切です。

たとえば、欧米式の早くからの独り寝が子どもへの愛情不足につながるといっても、だからこそ欧米では、それ以外の時間のスキンシップをとても大切にしているという面があります。家庭の事情で、早い時期から独り寝をさせる場合は、この側面も忘れないでいただきたいですね。

そして、もし独り寝を実行するときは、できるだけ子どもが自分からすすんで行うように、上手に気持ちを盛り上げてください。たとえば幼稚園に行き始めたときなどをひとつのきっかけとして、「○○くんも、もう幼稚園生だね。自分のお部屋もあるし、一人で寝てみようか？」というように、なるべく自分の意志を引き出してあげるといいですね。

＊　＊　＊　＊

また、一緒に寝るという場合にも、さまざまな方法があります。ママと同じ布団（またはベッド）で寝るというケースがありますし、同じ部屋でも布団やベッドは別というスタイルもあります。それから日本の伝統的なスタイルである〝川の字〟という添い寝の方法もあります。

川の字は、かつては決して広くない日本の住宅事情がもたらしたスタイルでしたが、いまでは別の意味で注目されてもいます。現代では、さまざまな選肢があるわけですから、独り寝か一緒寝かという二者択一的な考えにとらわれず、いろいろな工夫があっていいのではないでしょうか。

ただ、まだ断乳しきっていない状態から1歳半くらいまでは、なるべくママと一緒に寝ることをおすすめします。授乳が必要な時期に、別の部屋で寝ると、母親の睡眠がいくどとなくさえぎられることで、ストレスが溜《た》まってしまいます。母乳で育てている場合など、同じ布団で寝ている状態がいちばん授乳もしやすく、夜中に授乳したことを翌朝になって覚えていないというお母さんだっているくらいです。

そうした意味では、この方法がいちばん合理的かもしれませんね。

15 ほら、ほら、もっとお友達と遊びなさい！

歩くことができるようになったら、さぁ、いよいよ公園デビューですね。

といっても、そんなに大げさに構える必要はないですよ。一時、マスコミでずいぶん話題になりましたが、いまでは公園デビューという言葉すら、あまり聞かれなくなりました。

でも、やっぱりはじめて公園で遊ばせるときは緊張しますよね。

兄弟や姉妹がいる子なら、普段から遊びなれていてまだ安心ですが、はじめての子だと、ほかの子どもと上手に遊べるだろうかと不安にもなります。もっとも、緊張しているのはお母さんだけ。子どもはぜんぜん気にしていません。

まずは、気楽に、自然体で始めましょう。

なかには、緊張しているママを尻目に、ぜんぜん知らない子のところに行って、マイペースで遊びができる子どももいます。最初は離れたところで独りで遊び、少しずつ友達のいるところに近づいていく子どももいます。友達のところに近づこうともしない子どももいます。

せっかく公園に来て、ほかの子たちは走り回ったり、砂場で遊んだりしているのに、わが子といえばママのそばにへばりついたまま。みんなのところに行って遊ぼうともしない。

そんな状態では、ママもちょっとイラついて、

「ほら、お友達と遊びなさい！」

つい、強い口調で言ってしまいます。

最初のうちは、ママと遊んでもいいんですよ。そうしながら、自分から友達と遊びたいという気持ちが湧《わ》きあがってくるまで、じっくり待ちましょう。

親の〝待つ〟という気持ち、子どもの自立心を育てるには、とっても大切なことです。公園での遊びだけでなく、何事も先回りして親が指示を出すというのはよくありません。

たとえ、いま目の前の子どもが頼りなく、弱い子に見えたとしても、大丈夫です。お母さんに待つという気持ちがあれば、子どもの自立心はきっとしっかり育ちますよ。

16 ほら、ダメでしょ。謝りなさい！

外の公園などで遊ぶようになると、ちょっとしたトラブルや衝突《しょうとつ》、ケンカのようなことも増えてきます。平日の午前中など、公園で遊んでいるのは、まだ歩き始めたばかりや幼稚園前の子どもたちがほとんどです。

そんなとき、たまに公園の前を通ると、まぁ、にぎやかなこと。しょっちゅう、泣き声や叫び声が聞こえてきます。でも、その30秒後には、また仲良く遊んでいるのです。

でも、ちょっと目を転じて、子どもたちを取り囲んでいるお母さんたちを見ていると、その表情や動きの落ち着かないこと。自分の子どもがほかの子に砂を掛けたといっては飛んでいき、転んだといっては駆《か》け寄り、泣くと近づき、泣かせるとあわてるというふうです。

たとえば自分の子どもが友達のおもちゃを奪って返さない。相手の子どもは泣きながら奪おうとする。そんなシーンが展開されると、

「ダメでしょ。早く返しなさい！」

「ちゃんと謝りなさい！」

お母さんのきつい叱責《しっせき》が飛んできます。先回りして指示をするのはいけないとわかっていても、相手の親もその場にいることですから、黙っているわけにはいきませんね。でも、こうした〝大人の都合〟が支配してしまうと、子どもの遊び空間はずいぶん楽しくないものになってしまいます。もちろん、自立心を持った強い子になる力も育ちません。

こんなときは、まず子どもの気持ちに耳を傾《かたむ》けましょう。そのうえで、

「じゃ、どうしたらいいかな？」

なるべく自分で解決策を見つけ出すようにリードしてあげましょう。どんな小さな子どもでも、自分たちでトラブルを解決できる力はちゃんと持っています。実際、何か起きても、子どもたちに任せておいたほうが、ずっと自然にトラブルを解消していきますから。

つい、きつい調子で口を出してしまうのは、ルールを教えるというより、ママがお母さんたちとトラブルを起こしたくないというのがホンネ。この、大人の都合での言葉は、結構問題あり、なのですよ。

17 わぁ、汚い！ 早く手を洗ってきなさい！

小さな子が公園の砂場などで遊んでいるのを見ていると、最近は、「なんだかみんなきれいに遊んでいるのね」と感じてしまうのは、私だけでしょうか？

そういえば、ちょっと顔に泥などがついただけで、

「わぁ、汚い！ 早く手を洗ってきなさい！」

そんなお母さんの声が聞こえてくるのを耳にします。

幼稚園などでも、服が少し泥に汚れただけで、「先生、どうしよう」と訴えてくる子が少なくないそうです。ひと昔前までは、公園や幼稚園の砂場は、大人から見たらびっくりするくらい泥だらけでした。

あまり泥遊びをしなくなったというので、ひと頃、〝光る泥だんご〟という遊びがはやったことがありました。

それどころか、公園の砂場などは犬や猫の糞《ふん》からなど、いろいろな細菌があって、実際に感染した事例もあり、神経質なお母さんたちは砂場を敬遠《けいえん》することが

多くなりました。事故が多いブランコとともに、砂場を撤去する公園も増えています。砂場がある学校や公園では、定期的に除菌することが普通になってきています。

みなさんは、どうしていますか？

砂場に限らず、世の中全体に、無菌志向がひろがっていて、大きな意味で言えば、これも弱い子を育ててしまう一因にもなっているような気がします。菌を避けようとするよりも、少しくらいの菌に負けない抵抗力を身につけることのほうが大切ですね。

それには、まず親が無菌志向から抜け出ることですが、いまの小さい子どもの親たちは、すでに無菌志向にどっぷりつかっている世代です。そう簡単に抜け出すこともできないかもしれません。

砂場や泥遊びは、砂のなかで体を動かすことで筋活動を活発にしますし、手や指を動かすことで脳の働きを活発にする効果があります。それだけでなく、同じ年頃の子どもと密着して活動することで、社会性のトレーニングにもなります。

ときには砂を食べてしまったり、石を口に入れようとしたりする子どもたちですが、一定のチェックをしながら、あまり口を出さずに遊ばせたいものですね。

18
そんなところ危ないわよ。すぐやめなさい！

男の子に限らず、2〜3歳になると、子どもは見違えるくらい活発になってきます。いきなり路地から車道に飛び出すし、木登りは始めるし、ジャングルジムや滑《すべ》り台でもハラハラすることの連続です。

ママからすれば、ワンちゃんの散歩に使うリードでもつけておきたい気分ですよね。

そこで出てくるのが、リード代わりの言葉の数々です。

ジャングルジムに挑戦して、危なっかしい子どものお尻をおさえながら登らせていると、どんどん高くまでいって、そこから先は、もうママの手が届きません。

そこが決断のときです。

〈させてみようかしら。でも、落ちたら……〉

〈もし頭から落ちたら大変だし、やっぱりやめさせよう〉

続けさせるか、やめさせるか？　ほとんど〝ハムレットの心境〟ですね。

でも結局、いつかは決断しなければいけないんです。いまでなければ、明日、それとも来月、来年かもしれません。ですが、いつかはお母さんが子どもから手を放さなければいけないときが来るのです。

それが実際にいつなのか、それはお母さんが決めることです。その子にちょうどいいときがあるはずです。早ければいいというわけではありませんし、遅いから悪いということもありませんから。

長男の場合、逆のケースも心配ですね。

つまり、ほかの子がみんな高いところまで登っているのに、自分の子だけ下のほうでウロウロしている。そんなとき、ママはちょっと焦《あせ》ってしまいます。

「男の子なのに、ほんと、だらしないわね」

なんて口にしてしまいませんか？

これは絶対に良くないことです。あとで改めて触れますが、「男の子だから」「男の子なのに」といった類《たぐい》の言葉は、男の子に間違った性意識を植え付けてしまいます。こんなとき、もし励《はげ》ましたいのでしたら、

「ママも登ってみようかな。ほら、ここまで来られるかな？」

さりげなく促《うなが》してみましょう。

19　また、お漏《も》らし？　しょうがないわね。

そろそろ来年春には幼稚園。

そんな時期になって、トイレが自分でできていないと、ママはどうしても焦《あせ》ってしまいます。だって、まわりでは1歳でオムツが取れた子もいれば、2歳でうんちの後始末も自分でできる子がいたりしますから。

でもね、その一方で、オムツのまま幼稚園に通う子だっているんですよ。

昔は1歳の誕生日が過ぎたら、そろそろトイレットトレーニングを始めるタイミングとされていました。でも、膀胱《ぼうこう》の発達は個人差があって、いくら早く始めても、なかなかオムツが取れないということが少なくありません。

一般的にトイレットトレーニングを始めるには、3つの条件があると言われています。

①　歩ける
②　おしっこの間隔が2時間以上になっている

③ 言葉を話し、自分の意思を伝えることができる

②の「おしっこの間隔が2時間以上になっている」というのは、膀胱が大きくなり、尿をある程度コントロールすることができるようになったということです。年齢ではなく、少なくともこの条件が満たされた時期をトイレットトレーニング開始の目安と考えてください。

この条件を無視して、トレーニングの開始が早すぎると、かえってオムツが取れるのが遅くなるということもあります。ある医学調査で400人の子どもを1歳3カ月からの〝早期スタート組〟、1歳9カ月～2歳8カ月の〝遅いスタート組〟に分けて調べた結果、〝遅いスタート組〟が3カ月以内にオムツが取れたのに対して、〝早いスタート組〟では9カ月以上の期間がかかったといいます。

あまり早くトイレットトレーニングを開始してしまうと、かえってオムツが取れるまでに時間がかかり、ママのイライラとストレスも増して、

「また、お漏《も》らし？　しょうがないわね」

という言葉を引き出してしまいます。

この言葉が子どものプライドを傷つけ、またそれがプレッシャーになって、いつまでたってもトレーニングに成功しないことだってあるんですよ。

20 ほら、早く！ トイレ、トイレよ。

トイレのお話をもう少し続けましょう。

子どもにとって、トイレットトレーニングを始めるタイミングは、本当にさまざまです。ちょうどトレーニングを始めようという時期が、弟や妹が生まれる時期と重なってしまうということもあります。

こんなときにトイレットトレーニングを始めるのは、良いタイミングとは言えません。

というのは、ママの目がどうしても生まれた赤ちゃんに向けられ、お兄ちゃんになった子どもは、多かれ少なかれ不満を持っています。自分も赤ちゃんになりたいという、赤ちゃん返りと言われる現象が起きている状態では、トイレットトレーニングはうまくいきません。

こんなときは、あまり無理をしないようにしましょう。

ある程度時間がたつと、「僕はお兄ちゃんなんだ」という自覚が出てきますから、そのときにトレーニングを始めると、驚くほど早く成功しますよ。

おしっこでもうんちでも、子どもにはいろいろなサイン、気配があります。

それをしっかり見ていることは大事ですが、それを感じたときに、「ほら、早く！」など、子どもをせかせる言葉はよくありません。よくありますよね、おしっこかなと思ってトイレに行かせようとして抱きあげたら、その場でお漏《も》らしなんていうことが。

そうなると後始末は大変ですし、お母さんが焦《あせ》ってせかせる気持ちはわかります。でも、お母さんのあたふたぶりは、子どもをもっと悲しくさせてしまいます。

そこは気持ちをぐっとおさえて、

「おしっこかな？　じゃ、トイレに行こうか」

ゆったりと穏やかに構えていれば、子どもだって安心です。それが、やがて自信につながっていきます。間に合わなくて、その場で漏らしてしまったら、

「あらぁ、やっちゃったね。でも、次はきっとうまくいくよ」

そんな言葉で励《はげ》ましましょう。

それが子どもの自信につながり、成長とともに大きな心の栄養になっていくのです。

21 ああ、もう！いいわ、ママがやってあげる！

子どもが2～3歳になると、急にお母さんの言うことを聞かなくなったり、まるでわざとのようにダメということをやってみたりすることが増えてきます。とくに男の子の場合、女の子よりそういう状態が多いのが一般的です。

これは、いわゆる第1反抗期と言われるものですが、この反抗は自立への出発点でもあるのです。ぜんぜん言うことを聞かないくせに、いろいろなことを自分でやりたがるというのが、この時期の特徴ですね。

たとえば、これからお出かけというときに、洋服のボタンを自分でかけると言い張ったりすることがあります。させてみると、いつまでたってもうまくいかない。

「もう、いいから。ママがやってあげる！」

イライラして言ってしまうことがありませんか？　そして実際に手を出そうとすると、ものすごい勢いで怒り始めるというシーンも出てきます。親としては、

「ホント可愛くないんだから」と思ってしまう一瞬でもありますよね。

　ここには子どもの自立にとって、とても大切な要素が2つ含まれています。「自分でやるから邪魔《じゃま》しないで」という子どもの意志と、「可愛くない」という親の意識です。

　生まれてから第1反抗期が始まるまでの期間は、ほとんどすべてが親のケアのもとで成り立っていました。赤ちゃんのときの授乳から始まって、オムツの世話や入浴、食事、外で遊ぶときだって一人ではできません。それがだんだんできるようになって、「お母さんから離れよう」という意識がもたらすのが反抗なのです。つまり自分を確立し、主張しようとしているわけで、子どもが立派に育ってきた証拠でもあるんですよ。

　そこで服のボタンかけも、靴ひもを結ぶのも、みんな自分でやろうとするのです。この自立への最初の一歩を大切にしてあげてください。

「わぁ、エライね。さすが、○○くんだね！」

　大げさなくらいほめましょう。うまくできなくても当たり前。そこでお母さんが口や手を出してしまったら、もっとできる時期が遅くなります。もちろん自立の芽が枯れてしまうことにもなりかねません。

22 そんなにダダをこねていると、ママは知らないからね！

前のページのお話を少しだけ続けますね。

子どもが親に反抗して「可愛くない」と感じる一瞬があるということに触れました。これは、それまでほとんど一心同体だった子どもが親を離れようとする瞬間であり、同時に親が子どもから離れようとする瞬間です。

子どもの自立心というテーマを考えるとき、私たちは、つい子どもの側だけからアプローチしようとしてしまいます。でも本当は、親の側からのアプローチも大切です。子どもがいくら親離れをして自立しようとしても、親の子離れが少しも進まなければ効果は期待できませんものね。

たとえ一瞬でも「可愛くない」と感じるのは、親の子離れの第一歩です。

この思いをきっかけに、親の側からも上手に子離れしていくことが、子どもの自立を促《うなが》す大切な要素でもあるのです。

さて、このページのテーマは〝ダダこね〟です。

じつは、〝ダダこね〟も親離れの大切なプロセスなのです。

「もう遅いから、お家に帰ろうね」

と言っても、「イヤ！」を繰り返して聞こうとしない。あるいはお買い物で、「あれを買って」とダダをこねる。

これはママから離れるための自己主張でもあるのです。

自立には自己主張の力が必要ですが、２～３歳のこの頃は、お友達を相手にしっかり自己主張する力はついていません。いちばん安心できるママを相手にやることでトレーニングしているわけです。

「パパやおばあちゃんの言うことは聞くのに、私だけにダダをこねる。私をなんだと思っているのかしら？」

そんなお母さんの声を耳にしたこともあります。

でも、それは喜んでいいことですよ。お子さんは、ほかの誰よりもママが大好きで、安心感と信頼感を持っている証拠。

パパならダダをこねるのに、ママにはダダをこねない。そんなことが、もしあったら、そっちのほうが心配なくらいです。まず、〝ダダこね〟も自立のトレーニングなのだということを知っておきましょう。

23 今日はダメだって言っているでしょう。言うこと聞かないと置いてっちゃうよ！

〝ダダこね〟は自立の第一歩と言われても、それではダダをこねられたときにどうすればいいのかという問題が残ります。

もちろんダダをこねられたら、すべて子どもが言うとおりにすればいいというわけではありません。たとえば、「どうしてもジュースを買ってほしい」と泣きながらダダをこねられたとき、あなたならどうしますか？

「帰ったら冷蔵庫にあるから、いまはガマンしようね」

というふうに説得するのは悪くありません。ただ、それでもジュースを飲みたい子どもは大声で泣くかもしれません。そこから先が問題です。

「こんなに言っているのに、もう知らない！」

そう言って、とっとと行ってしまうことってありますね。これはいけません。

ひとつジュースを買うというのはガマンさせたのですから、悲しい、悔《くや》しい子どもの涙くらいは汲《く》んであげましょうよ。

「そう、ジュース飲みたかったの。でも、ガマンできてエライね」

そんな言葉をかけてあげましょう。それから、もうひとつ。よく子どもを説得するのに、

「今度来たときには、買ってあげるからね」

となだめることがあります。

言葉そのものはいいのですが、ほら、大人によくあるその場だけの約束にしてしまうのはよくありません。子どもはそのことをちゃんと覚えていますし、次のときも約束を守らないと、お母さんへの信頼がだんだん薄らいでしまいます。でも、ダダをこねたときの対応に、これしかないという正解はありません。ときには、子どもの言うことを聞いてあげたっていいのです。

大切なのは、頭ごなしに大人の都合を押し付けないで、子どもの気持ちをきちんと汲むことです。

よく子どもがダダをこねたときは、ピシッとおさえつけないと、わがままで勝手な子どもに育つと主張される方がいらっしゃいます。でも、それはまったく逆。この時期の自己主張をしっかり受け止めることが、自己を確立し、やがては自立する力につながっていくのですから。

24 そんなことをしたら、おまわりさんに連れて行かれるよ！

ダダをこねたり、どうしても言うことを聞かないときに、よく耳にする言葉ですね。バスに乗っていると、「運転手さんに怒られるよ」、買い物をしている途中だったら、「お店の人に怒られるよ」、そんな言い方をするお母さんがいます。

あまり意識せずに使っているケースがほとんどなのでしょうが、注意したり、叱《しか》ったりするのをほかの人に転嫁《てんか》するって、とてもおかしなことです。

「ママは怒らないけど、ほかの人が怒るから」

まるでそう言っているようですね。子どもが言うことを聞かなかったり、悪いことをしているなら、お母さん、あなた自身の責任において叱ってください。

人に転嫁する叱り方をしていると、子どもはそれが、「本当に悪いことではないが、誰かが見ているときはいけないのだ」という受け取り方をしてしまいます。つまり誰も見ていなければいいのだ、というのと同じです。

私たち人間は、自分たちの力を超えた大きな力によって生かされています。そ

う言うと大げさに聞こえますが、昔からよく、子どもが親の見ていないところで何か悪さをしそうなときに、

「お天道《てんと》さまは、ちゃんと見ているからね」

という言い方をすることがあります。

誰もいないと思っても、しっかり見ている「誰か」。その存在をイメージできる子どもであってほしいと思うのです。

言い換えれば、自分や人間を超えた〝大いなる力〟に対して畏《おそ》れる心です。畏れるというのは、そのものを敬《うやま》い、感謝する心です。

たとえば気持ちのいい春の日の道端《みちばた》に、きれいな花を見つけたとします。それを、きれいだなと愛《め》でるだけでなく、「きれいな花をありがとう」と思う気持ちでしょうか。先生や親が見ていなくても、その花をむしって投げ捨てることをさせない気持ちでしょうか。

まわりに誰もいない状況でも、「誰かが、何かが見ている」という意識は、昔は自然に身についたものなのでしょうが、現代ではそうはいきません。まず親がそうした意識と無縁だと、おそらく子どもも無縁になってしまいます。意識して心がけたいですね。

25 ママが一緒じゃないと、おつかいなんてまだ無理よ。

そろそろ幼稚園という時期になると、子どもはいろいろなことを一人でやりたがります。前にも触れましたが、洋服のボタンをとめたり、靴のひもを結んだりするのも、そのひとつです。

長男の場合は、自転車にも乗り始め、一人で公園に行ってしまったり、おつかいをしたがったりということもありますね。

すべて強い男の子になるための、そして自立していくための芽生えです。

子どもが親離れをしていこうとしているのですから、親もそれなりの子離れをしなければ、子どもは成長しません。自立心を持った強い子に育つのか、依頼心の強い弱い子になってしまうのか、ここが幼児期の大事な分岐《ぶんき》点になってきます。

でも、親にしてみれば、どれも危険がいっぱいです。

自転車は、まだ上手に乗れないので、車と出《で》遭《あ》いそうな道は事故が心配です。

おつかいだって、この時代、途中で何があるかわかりません。それは、わかります。

でもね、子どもが、「おつかいに行きたい」と言い出したら、「ダメダメ。ママが一緒じゃないと無理よ」

頭から否定しては、せっかくの子どものチャレンジ精神を台無《だいな》しにしてしまいます。十分に注意を与えたうえで、チャレンジさせてみましょうよ。

そうですね、はじめての子で、どうしても心配なら、そっと後ろから見えないようについて行ってもいいかもしれません。

何より大切なのは、

「よし、やったぞ。できたぞ！」

という子どもの達成感です。

でも、自転車の場合はちょっと工夫が必要です。やっと補助輪が取れたような段階で車が走る道路を勝手に走らせるのは、あまりにも無謀《むぼう》です。たとえば近くの公園で自転車に乗りたいという場合は、少なくとも公園まではお母さんかお父さんが一緒について行ってあげましょう。

公園では自由に遊ばせていいと思います。せいぜい転んでケガをするくらいですからね。こんなふうに危険度が大きい場合は、よく話をして子どもとの間にルールをつくっておくことですね。

26 これは約束でしょ。ちゃんと守りなさい！

赤ちゃんのときにはあまりないことですが、幼稚園に通う年頃になると、暮らしのなかにいろいろなルールや約束事ができてきます。

「遊んだあとは片付けましょう」
「悪いことをしたら謝りましょう」
「まわりの人にあいさつしましょう」

……etc.

並んでいる列に割り込んではいけません……といった社会的なルールやマナーとは別に、「朝起きたら、顔を洗って歯を磨《みが》くこと」とか、「夜は9時には寝ること」といった、家のなかでの約束事やルールは、どこの家でもありますね。

でも、この約束って、子どもが納得したうえで決めていますか？

ほとんどの場合、約束といっても親の側から一方的に決めたことではないでしょうか。子どもが約束やルールを本当に守らなくてはいけないと思うためには、自分自身をコントロールすることが大切です。

「親業」というプログラムで有名なトマス・ゴードン博士は、コントロールには〝外的なコントロール〟と〝内的なコントロール〟の２種類があると言っています。〝外的なコントロール〟とは親や大人が権威や力で子どもに強制するコントロールで、いわゆる「しつけ」はこれに相当します。〝内的なコントロール〟とは、個対個の約束のように自分がみずから参加した結果の決め事です。

つまり、親が言ったから、先生が言ったから、というのは〝外的なコントロール〟で、決め事に自分の意見も反映されているのが〝内的なコントロール〟です。

たとえば食事の前には手を洗いましょう、という決め事をするときは、相手が小さな子どもでもきちんと話をし、「○○ちゃんは、どうしたらいいと思う？」と投げかけたうえで、ママと○○ちゃんの個人の約束というかたちにするのがベストです。

力や親の権威で押し付けたかたちのルールや約束事は、自立心の生成を妨《さまた》げますし、力や権威がなくなれば、意味のないものになってしまいます。反対に内的なコントロールによってできたルールや約束事は、いつまでも自分自身の心のなかに生き続けます。

27 いい加減にして！ ママは行くからね、バイバイ。

幼稚園がスタートすると、園の入り口でママの手を握《にぎ》ったまま、なかなか「行ってきます」ができない子がいます。

「ママ、行かないで」

泣きべそをかきながら、ママの手を離しません。

これは意外と男の子に多いです。最初の2～3日、せいぜい1週間くらいなら、「しょうがないか」と思いますが、2週間たっても1カ月たっても同じとなると、「うちの子、大丈夫かしら」と心配になりますし、ママもイライラしてきます。

ぜんぜん、大丈夫ですよ。こういう子どもは、どちらかというと感受性が強く、想像力が豊かなことが多いものです。

「もし、先生に叱《しか》られたら、どうしよう」とか、「お友達にいじめられたら、どうしよう」、そんな思いが先に立って、不安になってしまうのです。

こんなときは焦《あせ》らずに、たっぷりと子どもの思いに向き合ってあげてください。

長男は、どうしても、「男なんだから」というプレッシャーのなかで育ちます。朝の幼稚園で、なかなかバイバイできないのも、「男の子なんだから、しっかりしなくちゃ」という思いが重く肩にのしかかっているのです。

それが、かえってよけいな不安をつのらせるのです。ですから、お母さん、「大丈夫、ママはずっといるからね」そう声をかけてあげましょう。

子どもが元気に、「バイバイ、行ってきます」をしてくれれば、「うちの子はしっかり自立できている」と、ママとしては安心でしょう。

逆に、泣いてきちんとバイバイできないと、ママは不安になりますし、ここでしっかり突き放さないと、子どもが自立心のない弱い子になってしまうと思うかもしれません。

お母さんの愛とやさしい保護は、子どもの自立にとって欠かせない心の栄養素です。そして幼稚園の頃は、まだたっぷりの栄養が欲しいときなのです。

泣いてバイバイできないからといって、無理に突き放すと、子どもは心の栄養不足で、きちんと自立できなくなってしまう恐れもあります。ですから、お母さんは、たっぷりと心の栄養をあげてください。

きっと、強くて、自立心のある素敵な男の子になりますよ。

〈小学生編〉

――欠点の裏に、きっといいところが見つかる

小学生になると、男の子は目に見えて活発になります。

いろいろなぶつかり合いや学校でのいじめなど、さまざまなトラブルが目につくようにもなります。幼稚園の時代と違って、学校でどんな生活を送っているのか、外でどんな遊びをしているのか、親には見えにくい状況になってきます。

そしてこの時期の親にとって、とても大きな問題は、わが子の困ったところや弱点が思い浮かんでし

まい、マイナス方向から子どもを見てしまうことが出てくることです。

でも、よーく見てみると、欠点と思えることの裏側には、その子の長所が必ず見えるのです。

そこに心を留めて、どんどん認めてほめてあげましょう。

ただし、うっかり誰かと比べてしまうことがあったりすると、子どもはとても傷つきます。そして、その瞬間、子どもの自信がゆらいでしまいます。

お母さんが自分に自信を持って、余裕を持って見守っていれば、子どもは驚くほどすくすく成長していきます。

甘えんぼちゃんね❤
ママだっこ
ボクのママはもう大きいから甘えないでって言うのに…
行くよ
ぴょーん
そして、小学生になったある日、
ボク、サッカーチームに入りたいんだ!!
えっ!? じゃあボクも入ろうかナ

サッカー試合で…
えっ
うわ〜〜ん
ボールとられた!!
ひょい
いつまでも甘えるなよ。
サッカーはスポーツなんだから。
ポンッ
イヤだ
ボールを返せー

28 サンタクロースは、お父さんとお母さんなんだよ。

12月になると、子どもが言うことを聞かないと、

「それじゃ、サンタさんが来てくれないかもね」

なんて、よくお母さんたちが使う言葉ですね。小さいときは、とても効き目があって、笑ってしまうほどです。

でも、小学生になってくると、

「ねぇ、サンタさんって本当にいるの？」

「サンタさんって、ママとパパなの？」

そんな質問が増えてきます。低学年だったら、「いるわよ」と答えていた親も、小学校高学年になってくると、そろそろ潮時《しおどき》かと本当のことを言ってしまう親もいると思います。

よくお母さんたちの間で、〝サンタさんの真相を話すタイミング〟が話題になりますよね。たとえば6年生くらいになると、「本当にサンタさんがいる」と信

じている子どもはクラスに一人いるくらいでしょう。もし、それが男の子だったら、

「おまえ、アホか！」

なんて友達に馬鹿にされるかもしれませんね。

それなら本当のことを話してしまったほうが……と思うお母さんは多いでしょう。あるお母さんは子どもに、「みんな、サンタさんはお父さんとお母さんだって言ってるよ」と言われて、こう答えたそうです。

「そう。本当のサンタさんが来ない子は、しょうがないから代わりにお父さんやお母さんがサンタさんになるのよ」

そう答えたそうです。ナルホドね。なかなか考えましたね。

私は、サンタさんについて、わざわざ本当のことを宣言する必要はないと思っています。子どもが小さいときに、気づかれないようにプレゼントを枕元に置いた、あの思いはなんだったのでしょう？　ぐっすり寝込んでいる子どもの近くで、鈴の音を鳴らし、サンタさんの仮装までしたお父さんもいたかもしれません。その思いはなんだったのでしょう？

幼児期編で、人間を超えた〝大いなる力〟についてお話ししましたよね。サンタさんも、そのひとつとして大事にしたいと思うのです。

29 たまにはほかの子と遊んだらどう？

小学校に入ると、子どもが学校でどんな子と遊んでいるのか、何をしているのか、親は把握《はあく》しきれなくなります。でも、ＰＴＡや学校の行事などでお母さん同士は想像以上に顔を合わせる機会が多いものです。

そのなかで親しくなった人が出てきますし、なんとなくウマが合わない人も出てくるでしょう。小学校低学年だと、ここでおもしろい現象があらわれてきます。ママ同士が仲良しだと、子ども同士も仲良しになるという傾向です。

大人は当たり前のように、「子ども同士も仲良しなのだ」と受け取りますが、必ずしもそのとおりではありません。子どもは、意外と親に合わせた行動をするものなので、親同士が仲良しだと、子どもも「仲良しにしておいたほうがいいかな」と考えてしまうのです。

そんなケースで、子どもが友達とプールに遊びに行くとき、

「○○ちゃんは誘った？」

そんなふうにお母さんが尋《たず》ねることってありますよね。自分が仲良しにしているママの子どもも誘いなさいという指示です。ときには、自分があまり快《こころよ》く思っていない親の子どもと自分の子どもが仲良くしていると、

「××くんとは、あまり遊ばないほうがいいよ」

「たまにはほかの子と遊んだらどう？」

そんなふうに、友達付き合いに口を挟んでしまうことってありませんか？　これは、親が考えている以上に子どもの心を傷つけてしまいます。あからさまに友達の悪口を口にするのも感心しません。

小学校になってからの友達付き合いは、自分を主張し、相手を認めるというコミュニケーションの力を本格的に身につけるうえで、とても大切です。ときには、いつも命令ばかりされて、まるで手下のような関係になってしまうことがあるかもしれません。

でも、子どもはそこで何かを認め合い、関係のバランスをとっているのです。ここは、自分の子どもを信頼して、自立の芽を摘《つ》まないように気配りが必要です。きっと、いつかは太い幹《みき》にしっかりした枝と葉を茂らせると思います。

30 だから、あなたには無理だって言ったでしょう。

小学校も入学して1年くらいがたつと、男の子はびっくりするほど行動的になります。自転車で1時間くらいの範囲なら、友達同士で行ってしまうこともありますし、サッカーなどのスポーツや習い事をやりたいと言い出すことも増えてきますよね。

性格にもよりますが、長男は親が考える以上に失敗をしたくないという思いが人一倍強いものです。子どもが何かにチャレンジして失敗したとき、

「だから、あなたには無理だって言ったでしょう」

そんな言葉を投げてしまうと、せっかくの自立へのステップが台無《だいな》しになってしまいます。〝生きる力〟は、どれだけ失敗したかによって決まるのですから。

「残念だったね。でも、チャレンジしようとした○○くんはスゴイと思うよ。きっと、次への力になるよ」

そんな言葉をかけてあげてください。

そして、親は子どもを上手に失敗させる知恵を持ちたいですね。

現代の子どもたちを取り巻く環境を見ていると、成功体験だけが求められているような気がします。学校の成績もそうですし、スポーツや習い事も成果主義にポイントが置かれているように思います。

しかし、人間として強く生きるための力は、成功や成果体験だけで育《はぐく》まれるものでしょうか。決してそうではないと思います。むしろ、成功体験だけで育ってきた人間は、ちょっとした失敗に大きく崩れてしまいがちです。

極端に言えば、子どもは失敗してなんぼのものということでしょうか。

できるだけたくさん、上手に失敗させてあげましょう！

たとえば、算数で48点を取ってきた子どもが、「今度は１００点を取る！」と宣言したとします。親が見れば、現状ではどうしたって無理、70点がぜいぜいだろうと思ってしまいます。

「ホント、あんたは言うだけなんだから」

そんなふうに答えると、子どものやる気はこの時点でしぼんでしまいます。

「じゃがんばって、とりあえず次のテストで70点取ったら、ごほうびをあげるわ」

少しハードルを下げて宣言をリアルなものにし、後押ししてあげましょう。

＊　＊　＊　＊

小学校4年生の男の子を持つあるお母さんから聞いたお話を紹介します。

ある日のこと、彼が、おばあちゃんが入院している東京都内の病院に一人でお見舞いに行くと言い出しました。彼の家は病院まで電車で1時間ほどかかる郊外にあり、いままで一人で都心に出かけたことはありません。しかも何度も乗り換えをしなくてはなりません。

それまで家族で出かけるときは、ほとんど車だったので、電車に乗ったことは数回しかなかったそうです。もちろん、相当心配ではありましたが、お母さんはチャレンジさせてみる決心をしました。

当日は、乗り換えの駅や乗り換え方を細かくメモして渡したそうです。出かけて1時間半くらいがたち、もうとっくに病院に着いたと思っていた頃、彼から電話がありました。最後の駅で迷ってしまい、どこが病院への出口かわからなくなってしまったというのです。

「もう少しだからね、がんばるのよ」

病院にはお母さんの弟がいたので、よほど駅まで駆《か》けつけてもらおうかと思

郵便はがき

おそれいりますが50円切手をお貼りください。

102-0073

東京都千代田区九段北
一―十五―十五
瑞鳥ビル五階

静山社

文庫愛読者カード係

住所	〒　都道府県		
フリガナ		年齢	歳
氏名		性別	男　女
	TEL　(　　)		
	FAX　(　　)		
E-Mail			

愛読者カード

ご購読ありがとうございました。今後の資料とさせていただきますのでご協力をお願いいたします。また、新刊案内等をお送りさせていただくことがあります。

【1】本のタイトルをお書きください。

(　　　　　　　　　　　　　　　　　　　　)

【2】この本を何でお知りになりましたか。

1. 新聞広告(　　　　　　　　新聞)　2. 書店で実物をみて
3. 新聞・雑誌の書評(紙誌名　　　　　　　　)
4. 人にすすめられて　5. インターネット　6. 静山社出版物
7. 静山社ホームページ　8. その他(　　　　　　　　)

【3】毎号読んでいる新聞・雑誌を教えてください。

新　聞(　　　　　　)　月刊誌(　　　　　　)
週刊誌(　　　　　　)　他　　(　　　　　　)

【4】お買い求めの動機をお聞かせください。

1. 著者が好きだから　2. タイトルに惹かれて　3. 興味のあるテーマ、ジャンルだから
4. カバーデザインがよかったから　5. その他(　　　　　　　　)

【5】本書についてのご意見、ご感想をお聞かせください。

ったのですが、あえて勇気づけるだけで電話を切りました。彼は、それからも何度もうろついたあげく、駅員に案内してもらって、やっと目的地にたどり着いたということでした。

世の中には、小学校1年生から電車通学をしている子どももいますね。そんな子にとっては、どうということもないことかもしれませんが、彼にとっては大冒険。大きなチャレンジだったのです。

それがよほど自信になったのでしょう。

それからの彼は、ひと皮むけて、朝も自分で目覚ましをかけて起きるようになったそうですし、宿題もすすんできちんとやるようになったそうです。

自立への道をしっかりステップアップしていったわけですね。

親にとっては、ちょっと無理かなと思うことがたくさんあるかもしれませんが、子どもが望むことはぜひチャレンジさせてあげましょう。

たとえ失敗しても、そのチャレンジが子どもを成長させる大きな糧《かて》になるのですから。

31 今日はちゃんと後片付けができたじゃない。

子どものチャレンジや約束について、きちんと達成できたら、なんらかのごほうびをあげるというお父さんやお母さんは少なくないと思います。なかにはお金をあげるという人もいます。

「モノで釣《つ》るというのは、あまりよくないのでは……」

そう考える人も、また少なくないかもしれません。みなさんは、どうでしょうか？

私は１００％悪いとは思っていません。問題は、そのやり方です。前にもあげた「親業」のゴードン博士は、ほめ言葉を含めたごほうびを〝賞〟という言葉で表現しています。

賞は与える技術が非常にむずかしく、「成功する親はほとんどいない」と、どちらかといえば否定的です。確かに、ほとんどの子どもたちは、親に喜んでもらいたい、ほめてもらいたいと思っています。そのために何かをがんばることも、よくあります。

それが極端になると、親が望まないことはやらなくなり、自立心の育《はぐく》みが阻《はば》まれることがあります。ごほうびも同じで、ごほうびがないと何もやらないということにつながりかねません。

でも、ごほうびは子どものやる気、チャレンジする心を内側から動かしていく触媒《しょくばい》になります。その心を体験すると、子どもは自分のなかに「やろう！」という意識を高め、ときにごほうびは脇役でしかなくなります。

その意識は、次に何かをやろうとするときに、ごほうびがなくてもやれる動きにつながっていきます。

標題に掲《かか》げた言葉、みなさんはどう思いますか？

この言葉の裏には、「いままではダメだった」という意味が隠されています。教育心理学者や専門家のなかには、これでは本当のほめ言葉にはならないという意見があります。

「しっかり後片付けができたね。ママ、すごく助かるよ」

こんな言葉が、うれしいですね。

32 大丈夫よ、あなたは強い子だから。

この言葉は、子どもを励《はげ》まし、ほめる言葉ですね。

でも、この言葉がマイナスに作用するケースがあるのです。どうして？　そう思いますよね。

たとえば、子どもが学校でなかなか友達ができずに悩んでいたとします。

「ボク、どこか悪いところがあるのかも」

息子から、そんなふうに話しかけられたら、まずじっくりと子どもの話を聞いてみましょう。いきなり、「あなたは強い子だから」などとほめてしまうと、いろいろと悩んで努力もした子どもにとっては、逆効果です。

「ママはボクのことをぜんぜんわかっていない」

と、コミュニケーションを断つ反応になってしまいます。

前のページで、「今日はちゃんと後片付けができたじゃない」というほめ言葉は、ちょっと危うい部分があると言いました。言葉の裏に「いままではちゃんとできなかった」という否定的なメッセージが隠されていて、子どもはそれに気づくというわけです。

小さい頃はともかく、小学校も中学年から高学年になってくると、自分を客観的に見る目も育ってきます。ほめることそのものは、大いに結構なのですが、親としてもほめ方の角度を考える必要があります。

たとえば走るのが苦手で、一生懸命がんばっても徒競走で上位に入れない子どもがいたとします。彼がそのことをとても悔《くや》しがっているときに、「大丈夫だよ。あんたは、決して遅くないんだから」と、いつも同じ言葉で励ましても、「いつも同じことばかり言って、ママはわかってないんだから」

子どもは逆に腹を立てるかもしれません。

子どもの自立心を育《はぐく》むうえでいちばんいいのは、相手の話をよく聞いて、共感することです。そして、子どもと一緒に具体的な解決法を考えることです。

「何度も走る練習をしているんだけど、少しも早くならないんだ。フォームを変えてみたらいいかな？」

「そうね、正しいフォームをインターネットで調べてみたらどう？」

そんなふうに対応するのもいいですね。

33 ヒマだと、ロクなことがないわね。

子どもは時間がないといっても、長い夏休みなどでは、ダラダラと無為《むい》に時間を過ごしていることもあります。自分の時間もなく、毎日、家事や子どもの世話に追われているお母さんとしては、お尻を叩《たた》きたくなるのも無理はありません。

「ほらほら、ダラダラするのはやめましょ！」

「ヒマだと、ロクなことがないわね」

そんな言葉が口をついて出てしまいます。

でも、みなさん子どものときに経験がありますよね。夏休み、朝起きて食事をすませたら、さて、今日は何をして遊ぼうか？　悩んでいるうちにお昼の食事になって、縁側からの風に吹かれながら昼寝をしてしまった……なんていうことが……。

いまの子どもたちは、こんな無為な時間を過ごす経験が非常に少なくなっています。

普段は、学校から帰ったら、塾や習い事に追われていますし、夏休みだって補習や半ば強制のプールなどがあり、もちろん宿題もやらなくてはいけません。すべての時間が何かの目的で埋《う》まっているのです。

せめて長い休みのときくらい、何の目的もない時間を体験させてあげるといいですね。

何も目的がない無為の時間は、いわば白紙の上に自分を置いているようなもの。ボーッとしている時間のなかで、少しずつ自分が描かれていきます。

この世は満たすことと空《から》にすることで、ダイナミズムができあがっています。いつも満ちたままでは新しいものを取り込んで満たしていくこともできませんね。

それと同じことで、いつも自分ではない誰かに描かれた目的を与えられ、ひたすら実行することで空を満たしている子どもに、みずから何かを満たそうとする自立の心が育つはずがありません。

時間と心は、何度も空っぽにすることが大切です。

その空に、自分で満たすものを描き、実行していくことが本当の自立心を育ててくれるからです。

34 ロクなことないから、ゲーム機なんてダメ！

小学生にもなると、アナログなおもちゃで遊んでいる子どもは、いまではほとんどいません。多くの子どもがゲーム機で遊んでいます。携帯型のゲーム機もあれば、テレビと接続して遊ぶスタイルのものもあって大人気です。

それだけに、ゲーム漬けの問題もクローズアップされています。

これまでゲームが子どもの精神に与える影響について、いろいろな面から指摘されてもいます。そういうこともあって、親は子どものゲームについて、かなり神経質になっています。ゲーム禁止という家庭もあります。

いわゆる教育熱心な家庭ほど、その傾向は強いようですね。

確かにゲームには誰もがのめり込んでしまう要素はありますが、親の側から一方的に禁止というのはどうでしょうか。いちばん望ましいのは、ゲーム機を買い与えても、それにかける時間をコントロールできることです。

そういう話をすると、ほとんどのお母さんたちが、

「それができないから、禁止するんです」

と答えます。自分を客観的に見つめ、自己コントロールできる能力は自立に欠かせない要素です。コントロールできないからといって禁止したのでは、自己コントロール能力は育ちません。

私の知り合いのお子さんは、小学校4年生までは、なるべく外で体を使った遊びをするようにすすめられました。

「5年生になって、まだ欲しいと思ったら、そのときにまた相談しましょうね」

とお母さんに言われ、一応納得しました。そして5年生になったとき、お母さんは忘れずにゲーム機を買ってくれたそうです。

「約束をしたこともあったけど、○○ちゃんは、きちんと時間を決めてやれると思ったから」

そうひと言付け加えたそうです。

こう言われると悪い気はしないですよね。たまには熱中してやっていることもあるそうですが、ほとんどの場合、1日1時間と決めたとおりに守っているそうです。そうそう、このゲームをやっていい時間も親が決めてしまうのでなく、できるだけ子どもに決めさせるといいですね。

35 携帯電話、なぜそんなに欲しいの？

ゲーム機と並んで問題なのは携帯電話です。

最近は小学校1年生でも携帯電話を持っている子がいます。公立の小中学校などでは校内への持ち込みを原則禁止していますが、使用している子どもはたくさんいます。

電車通学が多い私立の小中学校では、校内での使用は禁止でも携帯電話を所持して通学する子が多いようです。

東京都の教職員研修センターが行った調査（平成17年）では、小学校6年生で34・3％、中学2年生で55・9％が携帯電話を所有しているという結果が出ています。それだけ親も許容しているわけですが、その一方で、「少なくとも高校生まで携帯電話を持つ必要はない」と容認しない親もいます。

確かに携帯電話は便利です。

でも子どもにとっては便利すぎるのではないでしょうか。塾や習い事に通うには小学生でも携帯電話を持たせたほうが安心というのは、わかります。知り合いの小学校3年生の子で、習い事をしていてバスで駅前まで出かけるのですが、あえて携帯電話を持たせない親がいました。

「駅前には公衆電話もありますから、帰るときはそれで電話してねと言ってあります。テレホンカードが何かの具合で使えなかったことや、ちょっとしたトラブルが何回かありましたが、近くの人にサポートしてもらって切りぬけました。そんな困ったときの対処の仕方も、子どもが自立していくうえでの大切なトレーニングだと思うのです」

というのが、その子のお母さんの意見です。私も、そのとおりだと思います。だからといって、子どもが納得していないのに頭ごなしに禁止というのも、ちょっと問題ですね。やむをえず買い与えたときには、ときにノー・フォン・デーを設けたらどうでしょうか。ほら、車でもノー・カー・デーというのがありますから。

そんな機会に、電話がなくても生活できるということを実感することが想像以上に意味を持ってくると思いますよ。

36 せっかくあるんだから、自分の部屋で勉強したら？

まだ小学校低学年くらいの子どもなら、勉強をするとき、わざわざリビングでやったり、お母さんが食事の支度をしているキッチンにやってきたりしますね。

そんなとき、

「せっかくあるんだから、自分の部屋でやったら」

そう言うお母さんって少なくないですよね。

そうですよね、最近の子ども部屋って、家のなかでいちばんいい部屋であることが多いですし、子ども一人ひとりに独立した部屋を与えるケースがほとんどです。

なかには、子ども部屋のスペースが足りないからというので家を新築する人だっています。

それなのに使ってもらえなかったら、小言のひとつも言いたくなります。

でも、ある調査では名門校に進学する子どものなかには、小学校時代にリビングやキッチンで勉強していた子どもが多いというデータも出ています。ある大学生に聞いた話ですが、「子ども部屋は、ちょっと困った空間だ」と言うのです。というのは、あまりにもいろいろな機能が詰《つ》め込まれすぎていて、勉強しているとベッドが目に入って横になりたくなるし、ベッドで休んでいると、机が目に入ってこんなことをしていちゃいけないとストレスになるというわけです。

リビングやキッチンでは、わからないことがあったら、すぐに聞けるし、食事の時間には勉強道具を片付けなければいけないので、それまでの時間を集中して勉強できるというメリットもあります。

それに、いまは学校から帰ってきたら、自分の部屋に直行。食事が終わったら、また子ども部屋というふうで、家族とのコミュニケーションが希薄《きはく》になっています。ときには同じ家にいる家族にメールで用事を伝えることさえあるようです。

ですから、子どもが自分の部屋にこもらないでリビングやキッチンで勉強したがるようなら、むしろ喜んでいいのではないでしょうか。

自立には自分を客観視すると同時に、他者を認めるというコミュニケーション能力が欠かせません。家族のいる場所で勉強したいというのは、家族を拒否しているわけではないのですから、コミュニケーションもとりやすいわけで、自立のためにも良いことなのです。

37
しょうがない子、言われないと何もできないのね。

「ほら、早く食事をしないと遅れるわよ」

「顔は洗ったの？　忘れ物ない？」

「雨が降るわよ。傘《かさ》は持ったの？」

……etc.

雨あられの言葉のあとに、

「しょうがない子。言われないと何もできないのね」

どうです？　身に覚えはありませんか？

お母さんたちに、「うちの子は何でも言われないとできなくて」と相談を受けると、「それはお母さんに言われすぎるからできないのです」と、私はいつも答えています。

そうすると、必ずのようにお母さんたちの反論が返ってきます。

「黙っていたら、それこそ何もできませんよ。だから、つい言ってしまうんです」

どちらが先か、親が先回りしてあれこれ注意し、指示が多すぎると、子どもの自立心は育ちません。これだけははっきりしています。自分では何も決められない、心の弱い子どもになってしまいます。

お母さんは、遅刻や忘れ物など、子どもがミスや失敗をするのを恐れているのでしょう。いいじゃないですか。遅刻や忘れ物、大いに結構！　お母さんが口出しをして100回の忘れ物を防いだとしても、子どもの成長には役立ちません。お母さんが100回の注意や指示を与えるより、子どもが1回失敗するほうが、よほど成長の糧《かて》になるのです。

ですから、ミスや失敗を恐れずに、子どもに任せましょう。

あまり細かく毎日のように言われていると、子どもは自分の行動やスケジュールを意識したり、チェックしたりしなくなります。そうすることで、どんどん「言われないと、できない子」に育ってしまいます。

小学校の中学年くらいになると、子どもだってずいぶん、いろいろなことに気配りして生活するようになります。遅刻や忘れ物だってしないようにと、それなりに心がけるようになってくるのです。

先回りしてすべてを言ってしまうのは、その芽を摘《つ》むことになってしまいます。

38 ○○くんは勉強もできるし、しっかりしているのにねぇ。

どうしてなのかと思うほど、親は子どもの欠点を見てしまいます。

「勉強ができない」「努力しない」「鈍《どん》くさい」「引っ込み思案」「積極性がない」……etc.

お母さんの子どもへの評価を聞いていると、まるで悪口のオンパレードです。

これは、どうしてなのでしょう？

ほとんどが、お母さんの不安のあらわれなのです。しかも、じつは自分自身への不安です。自分に自信がなく、不安に包まれて生きている母親ほど、子どもの欠点をえぐり、指摘しようとします。

子どもが「努力しない」と見えるのは、じつは自分自身がいつも、「これでいいのだろうか。もっと努力しなければ」という不安に包まれているからです。

自分への不安なのですから、みずからを変える努力をすればいいのですが、その思いが子どもに向かってしまうというわけです。

ほら、親って子どものなかに自分のイヤな部分が見えると、必要以上に腹立たしさを感じることがありますよね。それと同じようなことなのかもしれません。

「まったく努力しないんだから！」

と叱《しか》っているお母さんが、小言を言っているそのわきで家事を放り出してずっとテレビを見ていたら、子どもはどう感じるでしょうか。

子どもの努力が足りないと思ったら、まず自分が生き生きとしているところを見せましょうよ。どんなことであれ、親が一生懸命になっている姿こそ、子どもには最高のアドバイスなのですから。

それに、すべての物事には表と裏、プラスとマイナスの両面があります。

「積極的だ」と見える子は、その半面で、人を押しのけても平気な想像力や共感力のない子どもかもしれません。

「引っ込み思案」と見える子は、想像力や共感力が豊かだからこそ慎重になってしまうのかもしれません。

お子さんを心からよ〜く見つめてみてください。

「ああ、こういう面があるのだな」

と気づくことが、きっとあります。その面をたくさん喜んでください。

39 やることをちゃんとやらないと、ダメ大人になっちゃうわよ！

前のページの言葉には、もうひとつの問題があります。

「○○くんは〜」というかたちで友達の名前をあげている点です。親としては、つい、ポロリと出てしまいがちな言葉ですが、子どもはとても傷つきます。「お姉ちゃんは、手がかからなかったのにね」というのも同じですね。

そのときの子どもの気持ちは、どんなでしょう？

「ボクだって、がんばってるのに！　でもママは認めてくれないんだね」

「どうせ、ボクはダメなんだ」

自分を否定された悲しい気持ちになるでしょう。

自分を肯定できない人間は、自信も育ちませんし、他人を受け入れることもむずかしくなってしまいます。当然、心の強い男の子には育ちません。自立心もなくなります。

他人と比べようとする気持ちって、子どもに対してだけではありませんね。お母さん自身のなかにも、きっとあります。○○さんは家を新築した、△△さんは家族で海外旅行をするらしい……、それに比較してうちは……そんなふうに人をうらやんでばかりで、自分を見下していることはありませんか？

そして世間一般という意識。世間一般と比べてうちは……、世間一般と比べてうちの子は……そういうときの世間一般って、いったい何でしょうね？

そんなお母さんと出会ったとき、私はよくこんな話をします。

「あなたは、いったいどこに立っているのですか？　ちゃんと自分の足元を見てはいかがですか。あなたのご主人は、休みの日には子どもを連れてよく近所の公園に行って遊んだり、みんなで花や小鳥の写真を撮ったりしているそうではないですか？　お子さんは、とっても喜んでいるようですし、ご主人も幸せだとおっしゃっていましたよ。幸せに世間一般なんてありません。幸せって、人それぞれのいろいろな幸せがあるのです。家族で海外に行っている家庭は、あなたの家庭のような幸せとは違った幸せなのでしょうしね」

そんな気持ちが自分のなかで育ってくれれば、世間一般という基準で子どもを見ることもなくなります。

人間って、競争だけで生きているのではないのですから。

40 ええっ、100点取ったんだ！ でも100点の子は何人いたの？

もし、お子さんが返されてきたテストを意気揚々《いきようよう》と持ってきたとします。そして、お母さんにこう言います。

「ママ、ボク、社会のテストで100点取ったよ！」

さて、あなたはどう答えますか？

「ええ、スゴイね。やったね！」

まず、ここまではどのお母さんも同じですよね。

そして次のひと言。

「でもさ、100点の子は何人いたの。○○くんだけ？」

そんな言葉を口にしてしまう方はいませんか？　そして、仮にクラスの30人中十数人が100点だったと聞くと、「な～んだ」と、ちょっとがっかりしてしまう。もし、○○くんだけだったら、スゴイ、スゴイと輪をかけて大喜びをし、

「そう、でも算数は何点だったの？」

そんなダメ押しをするお母さんもいます。社会はともかく、主要科目の算数や国語はどうだったのかしら……？

どの言葉も、あまり意識せずにお母さんたちが使ってしまうものですが、ここには勉強やテストに対する親の意識がはっきりとあらわれています。偏差値的な価値だけを重視する、つまり成果主義ですね。これを突きつめると、結局は人との比較であり、世間一般から見てどうなのかという視点です。

こうした考え方で長い間育てられると、子ども自身も同じような考え方になり、いつも〝世間一般〟を尺度にした生き方になってしまいます。

ここには、その人らしい個性もなければ、主体性もありません。本当の自分を持っていないので、世間一般から見た失敗をすると、ちょっとしたことでも立ち直ることができないという状態になってしまいます。

つまり本当の強さや自立心は育ってこないのです。

もし、子どもがテストでいい点を取ってきたら、まず、お母さんは子どもと一緒にたくさん喜んであげましょう。

それだけで十分です。

41 まったく、なんだかんだって、親の言うことが聞けないの！

うちの子は万年反抗期だ、と言うお母さんたちが少なからずいます。ああ言えば、こう言うし、Aと言えばB、Bと言えばAという調子で、まったく手のつけようがない、と言うのですが、そんなとき私はいつもこう言っています。

「よかったですね。それは、お子さんが立派にすくすく育っている証拠ですよ」

お母さんたちは、ちょっと理解できない表情で私を見ますが、私は決して適当なことを言っているのではありません。反抗するのは、自分があるからで、また自分を確立しようとしている闘いなのです。

確かに、子どもが反抗して言っている言葉は、まったく理屈《りくつ》になっていないこともありますし、内容としては間違っていることもあります。

たとえば、あと15分したら勉強を始めようとしていたときに、先回りして「いい加減、勉強を始めたら」と親に言われると、「いまやろうとしていたのに、お母さんが言うからやる気がなくなった」などと抗議します。

まったくの屁《へ》理屈ですが、気持ちはわかります。じつは、ここが大きな分岐点《ぶんき》で、親がほんの少しガマンをして口を出すのを控《ひか》えていれば、子どもは自分で考えてやるべきことを実行するようになってきます。

でも、いつも親が口出しをしていると、子どもは、「何も言ってこないから、まだいいか」と思ってしまいます。つまりは指示待ち人間です。

最近、若い社会人の間に指示待ち人間が多くなったというのを、管理職のビジネスマンや経営者が指摘していますが、こうした若者たちは、子ども時代にいつも親の指示を受けて行動していたのではないでしょうか。

これはもうそのときになってからではむずかしいことです。

もし、あなたのお子さんが〝親の言うことをよく聞くいい子〟だったら、そのときこそ本当に心配してください。それは、親の言うことを聞いておいたほうがラクだと、子どもが自分で考え行動することをやめてしまったのです。

セラピストとして私が接している若い人のなかには、子ども時代、親の言うことを聞くいい子だったというケースがとても多いのです。

そのことをぜひ、心に留めておいてくださいね。

42 あなたはそれでいいかもしれないけど、少しは親の身にもなってよ！

親というのは、自分の子どもに関しては、とてつもない理想主義者です。

「言われなくても宿題をやる」「成績は良い」「親の言うことをよく聞く」「スポーツは万能だ」「まわりの大人や先生から評判がいい」……etc.

すべての点でそうあってほしいと願っています。

でも、現実にそんな子どもがそうそういるはずがありません。

それなのに、いつも〝理想の子ども〟という尺度で自分の子どもを見ます。そこで、何から何まで欠点だらけに見えてしまうのです。

そんなときに、学校の二者面談で、

「ちょっと忘れ物が多いですね」

「授業中に友達と話をしたりなど、集中力に欠ける面があります」

そんなふうに先生から指摘されると、ますます自分の子どもへの評価が下がってしまいます。

「お母さん、恥《はじ》かいちゃったわよ。少しは親の身にもなってよ！」

そんな言葉が出てきてしまいませんか？　親は、そんなに強い意識で言っているわけではないのかもしれません。でも、子どもにしてみれば、「ボクは、ママの恥なんだ……」と、いよいよ自己評価が下がります。前にも話しましたが、自己評価が低い子どもは、「どうせ何をやってもダメなんだ」と、どんどん自信を失います。自信がなければ強さも自立心も育ちません。

そんな言葉が出てくるようなら、わが子への理想像をちょっと見直してみましょう。

まず言えることは、親が描いている理想像は、「これなら鼻高々なんだけど」という親が自己満足するための姿です。つまり、親の都合、親のエゴということです。極端に言えば、親が満足するために子どもを道具に使っているわけで、それでは子どもが納得するはずがありません。

とくに長男の場合、母親にとっては異性ですから勝手に理想の男性像をつくりあげて、それと重ね合わせてしまうことがあり、子どもにとっては二重の苦難になってしまいます。そんな理想像は捨てて、現実の子どもの良いところ、悪いところを見つめることから始めましょう。

43 あなたのためを思って言っているの。

前のページの「少しは親の身にもなってよ！」とは反対の言葉のようですが、じつは根は同じです。

たとえば勉強でも、身のまわりの始末でも、ちゃんとできないと将来社会人になったときにまわりから評価されない。だから、あなたにとって不利な結果になる。それを心配しているから――というのが、しつけや注意をするときの親の言い分です。

でも、子どもの人生はお母さんのものではなく、子ども自身のものです。それを親の価値観だけでつくりあげてほしくないです。子どもはそんな理屈《りくつ》っぽくはないでしょうが、「あなたのため」という言葉を額面《がくめん》どおりには受け取りません。

フロイトと並んで有名な心理学者アルフレッド・アドラーは、おもしろい言葉を残しています。

〝親はセールスマンになってはいけない〟

セールスマンは売ろうとする商品の良い点を並べ立ててお客に接します。ときにはうるさすぎて、「いいから、自分で考えさせて」と言いたくなることがあるほどです。

親が「あなたのために言っている」という言葉の数々は、セールスマンのトークに似ていると思いませんか？　説得力のあるセールスマンなら別ですが、ただうるさいだけのセールスマンだったら、とても商品を買う気にはなりません。子どもの気持ちもきっと同じでしょう。

アドラー心理学をたくさん紹介している心理療法士の星一郎さんはセールスマンに対比して、

〝親は御用聞きがちょうどいい〟

と言っています。これもおもしろい言葉ですね。

最近はなくなりましたが、御用聞きはただ、「何か御注文はありませんか？」と聞いて回るだけで、よけいなセールストークはしませんよね。

つまりこういうことです。

本当に子どもに力をつけてほしいなら、「何か手助けしてほしいことはある？」という言葉をかければ十分。

それが本当に〝あなたのため〟なのだということを知っていただきたいですね。

44 いつも言い訳ね。だから、あなたはダメなのよ！

本や雑誌を出しっぱなしで床の上に散乱したまま。

何回注意しても、「いま、ちょっと手が離せないから」と言い訳ばかり。

そうかと思えば、宿題に必要な教科書を学校に忘れてきて、先生から連絡が来ると、「帰る前までは覚えていたんだけど、急に先生に用事を言いつけられて、それで忘れちゃったんだよ」と、また言い訳。

親としては、もう少しきちんと反省したらどうなの？　腹立ちまぎれに出てくるのが、

「いつも言い訳ね。だから、あなたはダメなのよ！」

そんな決めつけです。たとえ、それがどんな屁理屈《へりくつ》でも子どもは、

「ボクにだって言いたいことはあるのに、お母さんはぜんぜんわかってくれない」と、ますます言うことを聞かなくなってしまいます。

子どもに本当の力をつけ、自立心のある男の子に育てたいなら、決めつけをや

めて共感することを心がけたいものです。先にあげた教科書の件でいうなら、まず子どもの話に耳を傾けましょう。

「そうだったの。ママも何かをしようとしていたときに電話が鳴って、話をしているうちにしようとしていたことをすっかり忘れていたっていうことあるものね。それはしかたがないかも」

そんなふうに応じ、共感したうえで提案してみてはどうでしょうか。

「ママはこうしているのよ。電話がすんだら、最初にいた場所にもう一回戻って深呼吸するの。そうすると意外にやろうとしていたことを思い出すわよ。すごく大切なことだったら、手のひらにボールペンで書いておいてもいいんじゃない？」

その提案が必ずしも有効なものでなくてもいいのです。

ただ子どもの話を聞いて、一緒に考え提案することが大切なのです。そうすることで子どもは、「ママはちゃんとボクのことをわかってくれている」と納得し、自分で忘れないようにする工夫を考え出していきます。

もちろん子ども自身の共感できる力も育ちます。そして共感できる力は、自立にとても大切な要素なのです。

〈中学生編〉

――お母さんの心が変わると、長男はどんどん変わる

男の子のお母さんにとって、いちばんむずかしいのが、おそらく中学生時代でしょう。それがはじめての男の子であればなおさらです。

第二次性徴期《せいちょうき》で、体は急激に変わっていきますが、心はそれに追いつきません。突然、激しい反抗を繰り返すかと思うと、台風が去ったように甘えてくることもあります。

親としては、戸惑《とまど》いを感じてしまいますが、これ

は、しっかり大人へと成長している証拠でもあるのです。

子どもが大きく変わっているのですから、お母さんも変わりましょう。

まず、もう子どもではないということを自分の胸のなかにしっかりしまい込むことです。

そして、自分自身の楽しみや生きがいを見つけていきましょう。

不思議です。お母さんが変わると、子どももどんどん変わります。そして、お子さんのいいところが、どんどん感じられるようになってくるのです。

小さい頃は、どこへ出かけるにも、
もう、この子ったらまとわりついたら
ヤダ〜〜
歩きにくいじゃないの〜少しはママのことも考えてよね。
ベターー

中学生にもなると、
お買い物に行くけど一緒に来る？
行ってくれば？
ぷい

その夜
ネェ、明日、サッカーの朝練だから朝起こしてぇ〜。
そのくらい目覚ましかけて自分で起きなさい!!
自分のことは自分でヤル!!
（強気）
ガチャ
ガチャ
次の朝
ファ…
行ってきまぁ〜ふ
ちょっと待ちなさい、シャツ出てるじゃないっ!!
くつもきちんとはきなさいよ〜〜、
ボールを忘れてる〜

45
どうしたの？ 最近、何も話してくれないのね。

小学生のときには、学校や友だちのことをいろいろ話してくれた子どもが、中学生になると、急に何も話さなくなることがあります。

「学校で何かあったの？」と聞いても、「別に」と短い返事だけ。「体の調子が悪いわけじゃないのね」と言えば、「まぁね」と、これも短い返事です。

親としては、いったいどうしてしまったのか心配ですし、不安です。

そんなとき、つい、出てしまうのが、

「どうしたのよ。最近、何も話してくれないのね」

という言葉です。

この時期の男の子は、心も体もとてもアンバランスになっています。

まず体ですが、第二次性徴期《せいちょうき》を迎え、大人の男性としての準備が始まります。筋肉がしっかりしてきて、ひげや陰毛が生え始め、精通という現象も起きてきます。心も同じで、自立した大人になろうとする一方で、親離れをする不安に襲われます。

心理学では思春期不安という言葉があるくらいで、その大きなポイントに、価値観の変化があります。

たとえば、それまでは親や先生の言うことを聞くことが良いことだと思っていた子が、その価値観を疑い始め、「大人の言うことは聞かないほうが正しいのかもしれない」などと考えるようになってきます。

小学生までの子どもは、なんといっても親を頼り、その保護のもとに生きていますから、親との関係をいちばん大切にします。でも大人として脱皮《だっぴ》していかなくてはいけないこの時期は、親以外の人との関係を深めていきます。そのいちばんのあらわれは友達です。親よりも友達との関係を重視するようになってくるのです。

いずれにしても、子どもは激しい葛藤《かっとう》のなかで生きていますから、あまり問い詰《つ》めるような言葉は避けたいですね。

「別に何もなければいいんだけど。頼りたいときは頼っていいのよ」

そんなふうに声をかけたらどうでしょう。そして少し距離を置いたところで静かに息子を見守っていることを忘れないでくださいね。

46

親に隠れて、何をコソコソやってるの？

子どもが中学生くらいになると、

「何を考えているのか、さっぱりわからなくて……」

そう嘆《なげ》かれるお母さんたちが、たくさんいます。ときには、「気味が悪い」と言うお母さんさえいらっしゃいます。でも、それは、息子がしっかり大人に向けて成長してきたサインです。

一個の人間として、男性として自立していこうとする過程にあるのですから、たとえ子どもといえども、そのすべてをわかろうとするのは、そもそも無理があります。わからないことがあって当たり前。ここは子どもを信頼して、見守っていくことでしょう。

中学生になると、ひげや陰毛が生えて、ニキビが出てきたりします。男くさい臭いもするでしょうね。ときには、急に下着を自分で洗ったりすることがあります。マスタベーションを覚える子も出てきます、怪しげな雑誌や本をひそかに隠し持っていることもあります。

女の子なら、初潮があったときには昔は赤飯を炊《た》いて祝うなどの習慣がありましたが、男の子にはその種の行事もありません。

また女の子なら、母親が生理への対処をはじめ、いろいろな言葉かけができますが、男の子の場合、なかなか話しづらいものです。

そんなときは、やはりお父さんの出番です。

男の子によっては、大人の男性としての成長のしるしを異常に恥《は》ずかしがることもあります。

そんな場合も、お父さんがさりげなく、「男なら、誰もが通る道なんだよ」といった話をすれば、きっと気持ちが落ち着くはずです。

射精の跡がついた下着を隠したり、怪しげな本を隠したりしているときは、たとえ気づいても見て見ぬふりをするのがいいですね。

「親に隠れて、何をコソコソやってるの？」

などという言葉は慎むことです。

ますます秘密にすることによって、正常な性意識がゆがめられてしまいます。

47 ○○くんは、評判が良くないね。付き合わないほうがいいんじゃない？

中学生になると、ある時期、急に服装や髪形に変化が出てくることがあります。場合によっては、こっそりタバコを吸っていたなんてこともあるかもしれません。

「大変、うちの子が不良になっちゃったわ！」

と、うろたえ、あわてるお母さんが少なくありません。

「これはきっと友達が悪いのよ」

そう決めつけてしまうこともよくあります。心のなかで思っているだけならまだしも、

「○○くんは、評判が良くないね。付き合わないほうがいいんじゃない？」

と踏み込んでしまうのは、子どもを傷つけてしまうだけです。

この時期、男の子は母親との関係から少しずつ離れ、友達との関係を深めます。それも小学校時代のような、遊び友達ではなく、それこそ性にまつわることから家族問題まで、深刻な問題を相談し合うという関係に入っていきます。しかも、

「人は人、自分は自分」という自我が未成熟なので、友達関係というのは思春期の男の子にとって、とても重要な意味を持っています。

それだけに良いことでも悪いことでも、友達に影響されることが多く、実際に親が眉をひそめるようなことを真似る傾向があります。

でも、タバコを吸ったからといって、ただちに不良になるというわけではありません。もしかすると、お父さんだって中学や高校時代にタバコを吸ったことくらいあるかもしれませんよ。

要するに、この時期によくある、大人になったような気分を味わいたい背伸びなのです。

ズボンを通常より低い位置ではく腰パンなど、大人から見たら異常としか思えない格好だって、男の子が必ず通る、学校を含めた大人社会への反抗なのです。振り子は一方に揺れると、必ず元の位置に戻ってきますが、この時期の反抗は振り子のようなもので、時期が来れば必ず戻ってきます。

そして友達関係も高校生くらいになれば、きちんと落ち着いてきます。

その体験として試行錯誤《しこうさくご》をしているんだと思って、子どもを見つめていきましょう。

48 そんなことも自分でできないの？ いつまでも子どもじゃないのよ！

中学生という時期は、急激に大人へと脱皮《だっぴ》していくときだというお話をしました。でも、それは非常に不安定で、ときに反抗的で生意気な態度をとるかと思えば、その次の日は、

「お母さん、いつものアップルパイつくってぇ」

などと甘えた声を出します。

あるいは突然、自分の部屋から出てきて、

「コーヒーいれてくれよ！」

などと勝手なことを言います。

親としてはあきれるほどの急変ぶりですが、子どもも揺れ動いているのです。体はどんどん大人の兆《きざ》しが出てくるのに、心がそれについていかず引き裂《さ》かれたような苦しい状態でもあるのです。

だから、ちょっと子どもに戻って安らぎたいときもあるのです。そんなときに

甘えが出るのですが、本人だって甘えた次の瞬間、恥《は》ずかしいと感じているのです。そんなときに、

「そんなことも自分でできないの？　いつまでも子どもじゃないのよ！」

といった調子で答えてしまうと、甘えて少しの安らぎを得ようとした子どもは、想像以上に傷つきます。そして、また引き裂かれた葛藤《かっとう》の世界に引き戻され、親への反発心を高めてしまうのです。

いずれ子どもはどんどん親離れしていくのです。

とくに、中学時代は親から分離しようとする意識が急速に発達します。たまに子どもに戻って甘えているのですから、せいぜい受け入れてあげてください。

大人になる戦いを進めている子どもにとって、戻る場所があるというのは安心なものです。だからこそ、自立の世界へと歩みを進めていくことができるのです。

だからといって、親がいつまでも子どもとして接していたら、それはそれで問題です。

普段は静かに見守り、大人への闘いに疲れたら、ゆっくりと羽を休ませてあげましょう。

49 ホントにどうしようもないわね、こんな子に育てたつもりはないのに。

中学生になるあなたの子どもが、いま、とても手に負えない状態だとしましょう。そうですね、学校の成績はどんどん落ちるし、服装も乱れてきた。小さいときには、「この子はきっと素敵な子になるだろう。ひょっとしたら東大に合格することも夢じゃないかも」、そんなふうに思い描いていた息子が、これでは心穏やかではないでしょう。

でもね、いま、子どもがどんな状態だとしても、もし何かの病気か事故で死んでしまったらどうでしょう。

イヤなことを言うようで申し訳ありませんが、想像してみてください。

「ああ、あんなどうしようもない子だったから、ホッとしたわ」

そう感じますか？

そんなはずないですよね。もし、そんなことがあったら、「どんなにダメな子でもいい。重い病気でもいい。生きていて、この腕で抱きしめられたら……」、きっと、そう思いますよね。

中学生になって、子どもが困った状態になっていたら、ぜひ、彼が赤ちゃんだった頃のことを思い出してください。

あなたを包んだあの笑顔。

無心な笑い声。

ぎゅっとあなたを握《にぎ》りしめた、あたたかくて意外に力強い指。

あなたの腕のなかで眠ったときの、何物にも代えがたい寝顔。

――どうですか？

子どもを育てているうちに、望みどおりの子どもになってほしいという親の思いはどんどん強まります。そして、赤ちゃんのときの、

「あなたが生まれてきてくれて、ありがとう」

という思いを忘れてしまいます。

それを心によみがえらせることができれば、少々のことがあっても息子を抱きしめられるでしょうし、愛《いと》しい息子のために勇気を持って問題に立ち向かうこともできるでしょう。

その愛が、息子に勇気と自信を与えてくれるのです。

50 あなたがそんなふうになったのは、お母さんの育て方が悪かったんだわ。

子どもが、いろいろな問題を起こしたり、思いどおりに行かずに悩まされたりすると、親は、「そんな育て方をしたつもりはなかったのに」と思い、そして、「きっと私の育て方が悪かったんだ」と落ち込んでしまいます。

子どもにとっては、行為を直接叱責《しっせき》されるよりずっとつらいことですね。だって、お母さんは息子の自分を否定しているだけでなく、自分自身まで否定してしまっているのですから。

これまで何度も触れてきたことですが、自立心や〝生きる力〟を養うには、自信と信頼が不可欠です。自信と信頼を生むのは自己肯定感です。さまざまな問題行動や無気力は、自分を肯定できないところから生まれてきます。

最近の子どもは、なにかにつけて、「めんどい」という言葉を口にします。つまり「面倒くさい」ということです。

子どもは小さいときから、さまざまな「めんどい」を通過してきています。朝起きて顔を洗ったり、歯を磨《みが》いたりすることは「めんどい」でしょうし、ちゃんとお風呂に入るのも、もちろん宿題をやるのも、「めんどい」に違いありません。

それでもなんとかやってきているのは、親や先生に叱《しか》られるからという直接的な理由もありますが、基本は自己を否定していないからです。

自己を否定してしまうと、こうした日常的な、親から見れば当たり前のこともできなくなってきます。

繰り返しますが、子どもに問題が起きているのは、自己肯定感がなくなってきているからです。良い方向に向けていくには、なんとか自己を肯定する力を取り戻すことが大切です。

「あなたがそんなふうになったのは、お母さんの育て方が悪かったんだわ」

そこにこんな言葉を投げられたら、自己否定の気持ちがますます強まってしまいますよね。それから、もうひとつ大切なこと、それはお母さん自身の不安や自信のなさは、そのまま子どもに伝わるということ。

「お母さんはしっかりあなたを育てたから、あなたを信頼しているわよ」

自信を持って言えるといいですね。

51 いつもそう言うけど、あなたなんか信用できないわよ！

中学生くらいになると、子どもは親の心を確かめるような〝罠《わな》〟をしかけることがあります。

たとえば、いきなりこんなことを言い出すことがあるかもしれません。

「ちょっと2万円必要になったんだけど、くれないかな？」

「そんな大金、何に使うのよ」

「いまは理由を言えないんだけど、オレを信用してくれよ」

こんな会話があったとします。そのあとのお母さんの言葉、あなたならどんな答え方になりますか？

「あなたなんか信用できるわけないでしょう！」

まぁ、それまでにそう言わせてしまうマイナスの実績があるからでしょうが、これでは親と子の関係を断ち切ってしまうことになりかねません。

子どもは、親からの信頼を大きな勇気として生きています。信頼してほしいのです。信頼されていると思えば、それを生きる力に換えられるのです。だから、ときどき、信頼を確かめるような行為をしたり、言葉を投げかけたりするのです。

中学生になると、非行という問題がクローズアップされることがあります。

ときには、この非行も、じつは親の信頼を確かめたいという衝動である場合も少なくありません。

たとえばタバコを吸う、あるいは万引きをするなどという行為があったとき、子どもの心の底には「親に振り向いてもらいたい」という訴えが込められているケースがあります。

さて最初の〝2万円問題〟です。

こんな場合、どんな答え方が望ましいのでしょうか？

「あなたのことは信用しているけど、理由が言えないお金は出せないわ」

「あなたを信頼しているから、いいわよ。でも、話せるときがきたら話してね」

私は、信用と信頼は違うと思っています。

信用というのは、金融機関でもそうであるように、なんらかを担保《たんぽ》とするものです。信頼というのは、無条件で相手を受け入れ、認めるということです。

子どもに本当に必要なのは、信頼なのです。

52 世間に顔向けできないよ！

「世間に顔向けできない」という言葉は、いまではあまり使われないかもしれません。でも、同じ意味で使われる言葉はたくさんありますよね。

「ご近所に恥《は》ずかしいわ」

「これじゃ、大手《おおで》を振って歩けないわ」

……etc.

ちょっとしたことでも、つい使ってしまうお母さん、いませんか？

いきなり深刻な話で申し訳ないのですが、以前、私が耳にしたケースで、自殺未遂をした中学生の子どもがいました。これは女の子でしたが、命をとりとめて帰ってきた娘にお母さんが言ったそうです。

「こんなことをして。ホントにご近所に恥ずかしいわ」

それまで彼女は、なんとか親に振り向いてもらおうと、非行を重ねたり、自傷行為を続けたりしていたのです。ですが、あたかも「娘の命より近所の評判のほうが大事」と言わんばかりの、このお母さんの言葉は彼女を絶望の淵《ふち》に突き落としてしまいました。

そして、さらに非行を重ねたうえ、半年後に本当に命を絶ってしまったのです。

ほとんどのお母さんたちは、自分を重ねてみて、「まさか、そこまでは」と思われることでしょう。

でも、子どもが警察に補導されたりしたときに、「ああ、無事に帰ってきてよかった」と安心するより、「世間に顔向けできないわ！」という言葉は決して言わない自信がありますか？

前に「少しは親の身にもなってよ！」という言葉についてお話ししましたが、お母さんに世間一般という意識があると、そういう言葉が出がちになります。世間の尺度で自分を測り、子どもを測っていると、本当の自分の良いところも悪いところも見えてきません。

一度、良いところも悪いところも含めた自分をゆっくりと見つめ直してみましょう。そして素の自分を丸ごと受け入れ、愛しいものとして抱きしめるのです。

それができたら、今度は素の息子を同じように丸ごと受け入れてみましょう。きっと息子の素敵なところが見えてきます。

53 何回言ってもわからないのね！ だから、あなたは進歩がないのよ！

小学生時代は、いろいろな問題があるとはいっても、子どもは、まだ親の手の内にいます。でも中学となると、そうはいきませんよね。人によっては、子どもがどこか遠い世界に行ってしまったように感じることがあるかもしれません。

とくに母親にとって長男は、どことなく触れがたい存在になってきます。考えていることがわからず、やることなすことが親の思惑とどんどん離れていきます。いろいろな行為が腹立たしく感じることも増えてきます。

たとえば夏休みが始まってすぐに、「ちゃんと予定を立てなさいね」と言っているのに、新学期が始まる直前になってやっと宿題をやり始める。そんなときに、「何回言ってもわからないのね！　だから、あなたは進歩がないのよ」

つい、腹立ちまぎれに言ってしまいませんか？

親にだって言いたいことはありますよね。だから、何も言わないでとは言いません。ただ、ちょっと言い方を考えてほしいのです。

たとえば夏休みの宿題の場合だったら、こんなふうに言ってみてはどうでしょうか。

「な〜んだ。宿題はやっていかない覚悟じゃなかったの？　お母さんなら、そうするかもね」

宿題はきちんとするのがいちばんですが、それがすべてではありません。問題なのは、やるべきことと時間を自分でコントロールできるかどうかです。ときには、やらない覚悟だってあっていいのです。

そして、その結果は、新学期が始まって自分自身で甘受《かんじゅ》すればいいのです。

子どもの行為が目に余ったときの言葉で気をつけたいのは、批判するのは子どもの行為そのものに限定し、人格まで否定しないという点です。

宿題の例で言えば、「だから、あなたは進歩がないのよ」というのは人格否定です。「きちんと計画を立ててやるようにしなさい」というのは行為そのものへの批判です。

子どもに何か言いたいときは、この点に気をつけたいですね。

つまり言いたいことのみでやめておくということ。ほとんどの場合、「ひと言よけい」という締《し》めの言葉で子どもを傷つけてしまうのです。

54 そんなにダラダラしていると、お父さんみたいになるわよ！

子どもが自立して大人になろうとしている過程では、両親の関係が微妙な影響を及ぼします。父と母は、当然のことですが、男と女でもあります。その姿は子どもの男性観、女性観をかたちづくるベースになるからです。

ですから、お父さんとお母さんが仲良しなのは、とてもいいことです。子どもときには、お父さんがお母さんを抱きしめてキスをしてもいいですよ。子どもは、決していやらしいとは感じません。でも、お父さんがキスをしようとして、お母さんが、「何やってるのよ、いやらしいわね」などと言うと、子どもの目には二人の関係がいやらしいものに映ってしまいます。

もうひとつ大事なのは、父母が助け合っている姿です。

たとえば毎日会社に出かけるお父さんのために、お母さんがワイシャツにアイロンをかける。お父さんが、「ありがとう」と言って受け取る。お父さんが休みの日には、ときにはお父さんが家事をしてお母さんにお出かけさせてあげる。うれしそうに帰ってきたお母さんが、「ありがとう」と言う。

それが子どもに、〝わが家を心地よい場所〟として受け入れ、安心感を与えるのです。それは子どもの自信につながり、また男女観や異性というものに対する自然な感覚を身につけるもとになるのです。

でも現実は、どうでしょう。

家にいるときは、お母さんの手伝いをするどころか、テレビを見ながらゴロゴロするばかり。お母さんはお母さんで、「どうせ、パパは何もやってくれないし」と突き放す状態になってしまいます。

「そんなゴロゴロしていたら、パパみたいになってしまうわよ！」

そんな言葉が出てしまいがちです。

これは二重の意味で良い言葉ではありません。ひとつは子どもを批判するときに父親を引き合いに出すという問題。そして、もうひとつは父親に対して、なんの愛情も尊敬もないという問題です。

子どもがそんな両親のもとに生まれ、育てられた自分というものの存在が卑小《ひしょう》なものに見えてきたとしても無理はありません。ですから夫婦仲良しは子どもに自信と〝生きる力〟を与える素晴らしい要素なのです。

第3章　お母さんの心が、息子の心を育てる

子どもは親の鏡、
ガミガミ
なんだよ
くそババァ

ある日、気づいた・・・
ハッ
?
えっ

父さんと母さん
いつもあなたのこと、
信じているからね。

ボクもいつか、
父さんと母さんを
喜ばせるように
なんなきゃね。

お母さん、もっと自分自身を好きになりましょう！

そうすることで、言葉が変わり、表現も豊かになります！

お母さん自身の不安をチェックしてみましょう

「あなたのために言っているのよ！」

小言を言ったり、叱《しか》ったりするときに、お母さんがよく口にする言葉ですね。

お母さんは、もちろんそのつもりなのです。自分の子どもを弱い子にしよう、自立心のない子にしようと思っているお母さんは、一人もいないでしょう。本当に子どもの将来のためを思って言っているのです。

それは、わかります。

しかし、お母さんが気づかないままに、じつはその姿勢や言葉が子どもの生きる力を損なってしまっていることが少なくないのです。

では、なぜ、そんな言葉が毎日のように子どもに向けられるのでしょうか？

それには、お母さん自身の生きる姿勢が大きく関わっているのです。

この本では、ここまで、長男の力をそいでしまう、言ってはいけない言葉について お話ししてきました。でも、言葉だけをいくら変えても、お母さんの生き方そのものが変わらないことには、子どもも十分には変わることができません。

そこで、私からの提案です。

お母さん、ちょっと生き方と姿勢をチェックしてみませんか？

そして自分を好きになりましょう。そうすることで、子どもに向けられる言葉も、どんどん変わってくるのです。

さて、チェックしてほしいいちばんのテーマは、〝不安〟です。

何かがあると、すぐに「自分はダメな人間だ」「ダメな母親だ」と落ち込んで、「このままでは、将来どうなってしまうのかしら」「生活は大丈夫なのかしら」、そして「子どもは大丈夫なのかしら」、そんな不安に駆《か》られてしまっていませんか？

自分をダメな人間と感じて落ち込んでしまう人には、はっきりとした特徴があります。それは何でしょうか？

それは、何事も人と比べてしまうことです。

「友達はみんな幸せなのに、どうして私は……」、「親戚はみんな立派にやっているのに、うちだけがダメ」、「友達に比べて、私にはなんの取り柄もない」、「みんなのご主人は育児に協力的なのに、うちはぜんぜん……」——そんなふうに感じてしまうこと、ありませんか？

こういう人は、ちょっとしたことがあると、すぐに落ち込んでしまいます。人との比較で自分と子どもを見ている限り、心の穏やかさや幸せはどんどん遠くなってしまいます。

〝いつもニコニコ〟が、毎日を楽しくするコツ

落ち込むということも含めて、人間の行動にはすべて目的があります。

これはアメリカの精神科医ウイリアム・グラッサー博士が提唱している〝選択理論〟という比較的新しい心理学の考え方で、人は、なぜ、どのように行動するかを、脳の働きから説明しています。

ちょっとむずかしい話になりますが、いままでの心理学は、人は外側の刺激によって反応するという〝外的コントロール心理学〟によっていました。

つまり、悲しんだり、落ち込んだりするのは、外部に原因があり、それが心に反映しているというのです。

選択理論では、外部的な要因はすべてひとつの情報にすぎず、人は内側から動機づけられ行動を選択するとしています。私たちの行動にはすべて目的があり、

その行動は私たち自身がすべて選択しているということです。

絶望的な出来事が起きて、落ち込んでいるということは、落ち込むことで自分を救おうとしていることになります。落ち込んで、何もする気が起こらないというのは、ときには心と体の休息を求めているということでもあるでしょう。

ただひとつハッキリ言えることは、どんな悲しみも落ち込みも、必ず時が癒《いや》してくれるということです。

みなさんにもきっと経験があると思いますが、時がたってみると、「どうして、あのときあんなに落ち込んで苦しんでいたのかしら」と自分のことながら不思議に思うことがありますね。

行動にはすべて目的があり、自分自身がそれを選択しているという選択理論について触れましたが、人間の心はなかなか複雑で、今度は逆に、行動で自分の心や感情が左右されるということもあります。

そうですね、たとえば泣くという行動を考えてみましょうか。泣くとひと言でいっても、うれし泣きもあれば、感動で泣くこともありますし、悔《くや》しくて泣くこともありますが、ここは悲しくて泣くということにしましょう。

悲しくて泣いていると、泣いている自分に動かされて、さらに悲しい気持ちになってくる。それで、さらに泣くということがあります。どうでしょう、みなさんも経験があるのではないでしょうか。

だとしたら、ニコニコしていたらどうでしょう。心もだんだんうれしく、楽しくなって、気分がよくなり、さらにニコニコになりますね。

自分を好きになる気持ちと自信が、人生を変える

ちょっと理屈《りくつ》っぽい話になってしまいましたが、私はもう何年も前から、「こんな自分でいいんです。良いところも悪いところも含めて自分を抱きしめてあげましょう」と、いろいろな場で言い続けてきました。

どんな失敗をしても、どんな不幸な出来事に遭《あ》っても、あなたはあなただけのもの、この世でたったひとつだけのかけがえのない存在なのです。

ありのままの自分を見つめて好きになれれば、失敗があってもつらいことがあっても、自分を否定することがなくなり、心の復元力も強まります。つまり落ち込みや失意にも強くなるということです。

さて、かけがえのない存在ということは、ほかと比較できないということでもありますね。世の中にどんなに有能で、自分より優れているという人がいたとしても、すべてにおいて勝っていることはありません。

ところで、みなさん、落ち込んだり、がっかりしたり、つらかったりすること

のほとんどは、他人との比較から生まれていませんか？

かけがえのない自分を抱きしめる心がないと、他人との比較が気になります。

自分は自分でいいのだと、もっともっと自信を持つといいですね。

自信と言えば、おもしろい実験があります。

アメリカのある大学での実験ですが、ＩＱテストを受けた学生をＡとＢの２つのグループに分けて、Ａグループには「君たちは最高の成績だ」と伝え、Ｂグループには、「残念ながら最低の成績だ」と伝え、そのうえで女子学生にデートを申し込ませると、おもしろい結果が出たのです。

Ａグループの男子学生の多くは、えり抜きの美人女子学生にデートを申し込み、Ｂグループの学生は並みの女子学生に申し込む率が高かったというのです。

でも、実際はＡとＢ、２つのグループは任意に分けただけで、成績はぜんぜん反映されていなかったのです。学生の行動を決定づけているのは自信なのですが、当然、その自信に根拠はありません。

つまり、おまじないでもいいから自信を植えつければ、良い結果を生むということ。言葉と暗示の力って、すごいですよね。

不安を消す心のビタミンとは？

子どもを育てるお母さんのなかには、はたから見ればうらやましいほどの能力や条件が揃《そろ》った人でも不安がある、という不思議なことがあります。

結婚して子どもが生まれる前までに、めざましいキャリアを積んできた女性が、子育てに追われるときの不安。仕事も以前ほど十分にこなすことができない。そのうえ、仕事を持っているがために、子どものケアも中途半端。「いったい、このままでいいのだろうか」という不安です。

もちろん仕事をしていないお母さんにも不安はあります。結婚して、子どもも生まれ、子育てに専念できるのは、働くお母さんにとってはうらやましいことかもしれません。でも、本人は子育てに追われて、ふと我に返ると、「このまま家庭に埋《う》もれてしまっていいのかしら」という不安がよぎります。

社会的な環境づくりという点は、ここではひとまず置いておき、心の問題から考えてみたいと思います。

私自身、３人の子どもの母親ですが、子どもが生まれて、教師の仕事をやめました。しばらく専業主婦でした。その後、私が始めたのは、その前から関心のあった絵の指導・絵画教室を始めました。絵画の指導をしてみて、これは心理の勉強をしたほうが、指導はさらに内面まで読めると思い、心理学の勉強を始めました。そこから現在の臨床心理士への道を歩んできました。

状況を変えていくには、まず自分のなかの不安を取り除く必要があります。

そのとき、何より大切なのは、自分を知り、自分を好きになり、自分を認めることです。でも、これは案外むずかしいのです。はっきり言って、お母さんの不安は、自己を高めたいという女性、あるいは出産前はそれなりのキャリアを積んできた女性に、より強いものです。

それは、いつも「これではダメ」と現状を否定し、自分に高いハードルを課しているためです。現状に安住しないのは必要なことですが、それよりもっと大切なのは、良いところ、悪いところを含めた自分を丸ごと認め、受けとめることです。

それができることで、現状のなかの自分の幸福が感じられるのです。普段は当たり前のこととして見過ごしている幸せが深いところで感じられるはずです。

一昨年の冬、セミナーで、とても興味深い経験をしました。

吹雪のなかを2時間くらい歩いたのですが、それは春のうららかな日のものと違って、冷たく寒い経験でした。でも、そのうちにだんだん、体が温まり、つらい、寒いとしか思えなかった雪が、「きれいだな」「自然のなかに身をゆだねているって気持ちいいな」という喜びに変わり、気持ちがクリアになってきました。

そんなとき、一緒にいた一人の女性は、「私、家に帰ったら、すぐ婦人科に行くわ」と感じたそうです。彼女はずっと子どもができず、仕事をやめて家庭に専念するかどうか迷っていました。雪のなかを歩いていると、クリアになった心のなかから、「好きな仕事につき、その仕事ができるのはとても幸せなことなんだ」、突然、そんな言葉が心から聞こえたのです。

それまでずっと、仕事を持って無理をしているから、子どもができないのだと思い続けていたのですが、「仕事を続けるのは幸せなんだ」と思った瞬間、なぜか「きっと子どもは生まれる！」という予感を抱いたと言います。

彼女は〝奇跡〟と言っていましたが、その予感のとおりに妊娠し、昨年3月、無事に女の子を出産したのです。長く待ち望んでいただけに、子どもの誕生は何にも代えがたい喜びでした。

でも、それだけではなかったのです。とりかかっていた仕事の関係で、育児休暇を1カ月だけ取り、すぐにまた働き始めた彼女ですが、仕事がいままで以上に楽しくなってきたというのです。

いま彼女は、とても幸せな思いで、仕事に育児にフル稼働《かどう》で取り組んでいます。

さて、不安にまみれて育児に仕事に取り組んでいるお母さん、つらく寒い雪のなかを歩いているつもりで、いまの生活をもう一度見つめ直してみてください。仕事なら仕事、育児なら育児、そのなかで思いっきり力を出し尽くせば、きっと素敵なこと、幸せなことが見えてきます。まず、それをじっくり味わいましょう。そうすると、少しずつ心がほどけてきます。

幸せを感じる心と感謝の心こそ、不安を消す最大のビタミンなのです。

そのビタミンは、自己実現のための大きな活力になってくれるのです。

鏡のなかの自分に朝のあいさつをしよう

では、不安を取り除いて、自分を抱きしめるにはどうしたらいいのでしょうか。

具体的に考えてみましょう。

朝、子どもを学校に送り出したあとのあなたは、どんなふうですか？

まずはゆっくりとお茶でもいれて、くつろいでいますか？　それとも、慌ただしい朝の支度や、子どもをせかしたり、叱ったりのイライラがまだ残っていて、心がささくれ立っていますか？

「こんなことでいいのだろうか？」

「私って、どうしてこんなに不幸なのかしら」

そんな思いが心を占領していますか？

それが重なると、自律神経が不調になって、体の病気も起きてきます。ほら、肩が凝《こ》ったら、体をほぐしますよね。それと同じで、心もときどきほぐしてあげましょう。

朝って、心にとっても、すごく大切です。

朝、イヤなことや、イライラすることがあれば、その気分を一日中ずっとひきずってしまいますよね。

まず、夫や子どもたちが出かけて、一人になったら、鏡に向かってみましょう。そして、ひと言、「おはよう!」と、鏡のなかの自分に声をかけてみてください。できたら、にっこり笑いかけてみるといいですね。

癒《いや》すことって、じつは〝素の自分を見つめること〟なんです。素の自分というのは、良いところも悪いところも含めた、あるがままの自分ということ。

つまり、だらしがなかったり、すぐにあきらめたりという、ちょっと困った部分、それから結構可愛いじゃない、そこそこ人の気持ちを理解できるし、という良い部分。その全部を含めた自分ということです。

まず素の自分を見つめる。

それが自分で自分を癒すファーストステップです。

お母さん自身のいいところを見つめてみる

不安から解放されて自分を好きになるには、

「もっともっとがんばらなくては」

「だらだらしていてはいけない」

あるいは「～べきだ」「～ねばならない」

こういう言葉はぜんぶ忘れてしまいましょう。

素の自分をじっと見つめてください。きっと、見えてきますよ。

「目はきれいなほうだわ」「人の悪口は言うことないし」「人の話は聞くほうかも」「お洗濯好きなのもいいとこかしらね」……etc.

ほら、いいところが、いろいろあるでしょう？

できたら、それを紙に書いてみましょう。どんな、ちっぽけなことでもいいんです。どんな人だって、一生懸命考えれば10や20はすぐにリストアップできると思います。

書き終わったら、それを読み返してみましょう。どうですか？

「私って、意外と捨てたものじゃないかも！」

そう思えるようになりますね。

楽しいことを見つけると、自分を好きになる

素の自分を見つめて、良いところも悪いところも含めた自分が好きになったら、自然にいろいろなことが楽しくなってきます。おもしろいことに、逆に、楽しいと感じることが多くなればなるほど、どんどん自分が好きになってきます。

だから、まず楽しいことを見つけましょうよ。

私は、どんなに忙しくても自分の楽しみのための時間を削《けず》ったことはありません。ハイキングや山登りをしますし、ときにはドライブにも、ドラムを叩《たた》いたりもします。

でも、何より大切なのは、身近なことに楽しみを見つけることですね。

たとえば家の近くを15分でもいいから歩くというのもいいですよ。歩くことが脳医学的にも効果的なことは明らかになっていますし、体と心は密接に関係しています。きっと気持ちがプラスに振れてきますよ。

私は山登りも大好きですが、海や川にもよく行きます。自然のなかには、私たちにとって心地よい不思議なリズムがあります。

「1/fゆらぎ」という言葉を聞いたことがあると思います。規則正しさと不規則が、ちょうどよいバランスで調和したパターンのことですが、たとえば海の打ち寄せ

る波の音、風の流れ、川の流れ、小鳥のさえずりなどには、この「1/fゆらぎ」があります。

おもしろいことに、私たちの心臓の鼓動《こどう》もそうですし、樹木の年輪《ねんりん》もそうです。何より、実際に自然のなかに身を置いて、思いっきり深呼吸してみると、何億年も続いている自然のリズムを体に感じられますよ。

このリズムを体ごと受けると、ストレスをほぐす効果があります。それを〝自然の気をもらう〟という言い方をしますが、それはまた自分という存在がかけえのないものだという実感にもつながります。

どこかに出かけようとしていたときに、雨が降ってきたとしましょう。どんな気分になりますか？　「ほんとについてないわ！」と、腹立たしくなりますか？

そんなときは、「わぁ、チャンス！」と思いましょう。

おいしいお茶をいれて、好きな音楽でも聴いてゆっくり時間を過ごしたっていいじゃないですか。

そういうふうに、〝楽しむ〟というアンテナを張っていると、本当になんでも楽しいことが見つかるのです。ときには、道を歩いていて、ウグイスの鳴き声が聞こえてきたりすることもあります。すごく得した気分になりますね。

心をプラスの状態にして、楽しいことがたくさん増えてくると、「そうだ、明日は押し入れを大掃除しよう」とか、いままで手をつけられなかったことにチャレンジしようと、やる気が湧《わ》いてきます。

私たちの心って、そのようにできているのですね。

〝無理をしない〟で子育てをもっと楽しく！

お母さんが本当に幸せになれるためには、たったひとつのコツしかありません。少なくとも私は、そう確信しています。

それは、とっても簡単なこと。決して〝無理をしない〟ことです。

子育てって、本当は心のままに自然でいても楽しいものなのです。

でも、言葉では簡単ですが、私が心理カウンセラーとしてたくさんのクライアントと接してきて思うのは、実際にはそれほど簡単ではないということです。

どうして人は、つくられた枠《わく》のなかに自分を閉じ込めて無理をするのでしょうか？　たとえば良い妻、良い母でなくてはならない。あるいは、世間から認められる立派な人間であるべきだ――とか。

気持ちはわかりますが、そうして無理をすると、ほとんどの場合、いつの日か自分が嫌いになります。

自分が嫌いな人が、人を愛せるでしょうか？　それが、たとえ夫であっても子どもであっても、不可能です。人への愛や共感は、何より自分を愛することから始まります。

無理することをやめると、自分のいいところが見えてきて、愛《いと》しくなってきます。きちんとしていなかったり、ちょっと力が足りない、「でも、かけがえのない命だわ」、そう感じられてきます。

自分が好きになれれば、人を好きになれます。どんなに小さな命でも、自然という大きな存在が私たちを生かしてくれている意味が実感できるようになります。いろいろなことが楽しくなります。楽しくなれば、チャレンジ精神も生まれて新たな自分を切り拓《ひら》くことだってできます。

幸せとは一人ひとり、すべての人に、ちゃんと与えられているものなのです。

本作品は当文庫のための書き下ろしです。

金盛浦子

一九三七年、東京都に生まれる。青山学院大学文学部教育学科卒業。東京教育大学教育相談研究施設、および聖マリアンナ医科大学精神神経科、東京大学附属病院分院神経科にて研究生として心理臨床を学ぶ。一九七八年東京心理教育研究所を開設。一九九〇年より、自遊空間ＳＥＰＹ（セピィ）を主宰。セラピスト・臨床心理士・芸術療法士としてカウンセリングにあたる。

著書にはベストセラー『男の子を追いつめるお母さんの口ぐせ』『男の心が離れていく女の口ぐせ』（以上、静山社文庫）などがある。

長男《ちょうなん》を弱《よわ》い子《こ》にするお母《かあ》さんの口《くち》ぐせ

母《はは》の禁句《きんく》、父《ちち》の役割《やくわり》

2011年3月5日　第1刷発行

著者　金盛《かなもり》浦子《うらこ》

発行所　株式会社静山社《せいざんしゃ》

編集・制作　株式会社さくら舎

東京都千代田区九段北一-一五-一五　〒一〇二-〇〇七三

電話（営業）〇三-五二一〇-七二二一

（編集）〇三-五二一一-六四八〇

http://www.sayzansha.com

装画・イラスト　加藤マカロン

ブックデザイン　石間　淳

印刷・製本　凸版印刷株式会社

ISBN978-4-86389-101-2　Printed in Japan

静山社文庫の好評既刊

＊は書き下ろし、オリジナル、新編集

＊木暮太一

世界一わかりやすいミクロの経済学
超初心者のための入門書

値段はどうやって決まる？　なぜバーゲンするの？　会社がつぶれる理由は？　そもそもお金って何？――楽しく読める経済学の入門書！

740円
A-こ-1-1

＊星亮一

坂本龍馬 その偽《いつわ》りと真実
なぜ、暗殺されなければならなかったのか

浪人にして英雄！　龍馬は幕末動乱の時代に本当のところ何をやったか。その孤独と苦悩を明らかにし、誰も書かなかった「虚と実」に迫る！

680円
A-ほ-1-1

＊星亮一

戊《ぼ》辰《しん》戦争
裏切りの明治維新

敗者の視点から見た戊辰戦争の真実！　奥羽越列藩同盟軍の志士の動向から、戊辰戦争最大の悲劇と明治維新の裏側を浮き彫りにする。

700円
A-ほ-1-2

＊安保徹

40歳からの免疫力がつく生き方
からだは間違いを犯さない

40歳から免疫力は急低下。世界的免疫学者が免疫力低下を招く生き方に警鐘。どうすれば病気を防げるか!?　免疫力でもう怖いものなし！

630円
B-あ-1-1

＊松岡博子
伊藤樹史 監修

15秒骨盤均整ダイエット
アッという間にサイズダウン！

劇的！　女も男も！　一気にウエスト2センチ、下腹7センチ減！　やせる、きれいになるといま大注目の簡単即効安心ダイエット法を公開！

600円
B-ま-1-1

定価は税込（5%）です。定価は変更することがあります。

静山社文庫の好評既刊

＊は書き下ろし、オリジナル、新編集

＊池田清彦
人はダマシ・ダマサレで生きる
エコ商品、温暖化、食品偽装、天気予報……世間はほどよい〈騙し〉で回ってる。だから面白い。誰も言わない世の中のしくみがわかる！
680円
A-い-1-1

＊池田清彦
メスの流儀 オスの流儀
「本能」と呼ぶには面白すぎる！ 人気生物学者が語る生き物たちのセキララでワンダーな駆け引き。やっぱりオスよりメスがすごい!?
650円
A-い-1-2

＊河合隼雄
「日本人」という病
これからを生きるために
生きることがたいへんな時代に、自ら「日本人病」を発症したと語る臨床心理学者が手をさしのべる！ 河合心理学が示す生き方の指針！
680円
A-か-1-1

＊鈴木亨
天皇家一八〇〇年の謎と秘められた歴史
歴史に翻弄されながらも、天皇家は時の権力とどう関わり今日まで続いてきたのか。その揺るぐことのない天皇家の本質を明らかにする！
840円
A-す-1-1

＊蝶々
モテの極意☆59
秘密の小悪魔手帖
モテたいなら、モテる人に聞けばいい！ 元祖☆小悪魔作家が贈る、恋上手な女の子になるための極上バイブル。これ一冊でモテ度UP！
580円
A-ち-1-1

定価は税込(5%)です。定価は変更することがあります。

静山社文庫の好評既刊

＊は書き下ろし、オリジナル、新編集

＊金盛浦子
男の子を追いつめるお母さんの口ぐせ
なにげない母親の口ぐせが、いかに息子をダメな子に育て、心を傷つけているか。お母さんの言葉が変われば、ぐんぐん伸びる子が育つ！
630円
B-か-1-1

＊金盛浦子
男の心が離れていく女の口ぐせ
男と女の失敗しない会話のルール88
この口ぐせが、恋人・夫婦間の致命傷！　知らず知らずに男性の心を深く傷つけてしまう言葉とは？　ふたりの関係が良くなる会話のコツ。
680円
B-か-1-2

＊金盛浦子
長男を弱い子にするお母さんの口ぐせ
母の禁句、父の役割
長男はなぜむずかしいのか？　子どもの自立心、依存心はどこで違ってくるのか？　長男をもつ母親が心がけるべきことと父親の役割。
630円
B-か-1-3

＊増尾清
「ひと手間30秒」農薬・添加物を消す安全食事法
野菜、果物、肉、魚、加工食品、全106食品の正しい選び方と、農薬・添加物を落とす30秒の下準備や毒を消す調理法をイラストで紹介。
740円
B-ま-2-1

＊池端洋介
御畳《おたたみ》奉行秘録　吉宗の陰謀
尾張に奇才・文左衛門あり！　珍妙なる役職、御畳奉行の裏で、藩の極秘任務にあたる。将軍後継で幕府暗闘勃発！　シリーズ第一弾！
680円
C-い-1-1

定価は税込(5%)です。定価は変更することがあります。

静山社文庫の好評既刊

＊は書き下ろし、オリジナル、新編集

＊北川哲史
奥医師秘帳 千両香典事件
奥医師・蒼月院祐庵は続く五代将軍綱吉に仕えている。医術で将軍を支えつつ、政治の騒動に巻き込まれていく！ 奥医師シリーズ第二弾！
740円
C-き-3-2

＊C・サレンバーガー
十亀洋・訳
機長、究極の決断
「ハドソン川」の奇跡
絶体絶命の危機で、機長はどう決断したのか！ 全員の命を救った「ハドソン川の奇跡」の瞬時にして完璧な状況判断はなぜ可能だったのか⁉
880円
A-さ-3-1

＊信田さよ子
重すぎる母 無関心な父
「いい子」という名のアダルト・チルドレン
過剰な愛で縛る母。無関心な父。いい子を演じて苦しむ私＝アダルト・チルドレン。親子関係を見直し、「私」が主役の人生を生きるための本。
700円
B-の-1-1

＊早瀬詠一郎
役者侍 白鷺《しらさぎ》の殺陣《たて》
役者侍市川八百蔵、見参！ 歌舞伎役者にして公儀隠密の美丈夫が、剣に芸に恋に幕末を駆け抜ける！ 艶やかな情感たっぷりの時代小説！
740円
C-は-2-1

＊有川真由美
女35歳からの「ひとり論」
結婚してもしなくても、人は〝ひとり〟で生きる存在。35歳を過ぎたら考えておきたい、恋愛・結婚・仕事・人間関係についての50のこと。
630円
B-あ-2-1

定価は税込（5％）です。定価は変更することがあります。